LA

MUSIQUE

PARIS. — IMPRIMERIE DE J.-B. GROS ET DONNAUD
RUE CASSETTE, 9.

LA
MUSIQUE
AU POINT DE VUE
MORAL ET RELIGIEUX

PAR

Mme MARIE GJERTZ

> Tu aimeras le Seigneur ton Dieu de tout ton cœur, de tout ton esprit, de toute ton âme, de toutes tes forces.

PARIS
JACQUES LECOFFRE ET Cie, LIBRAIRES-ÉDITEURS,
RUE DU VIEUX-COLOMBIER, 29.

1859

INTRODUCTION

PAR

UNE FEMME DE MÉNAGE.

Cher lecteur, avez-vous jamais balayé une chambre? Si vous ne vous êtes pas encore livré à cet intéressant exercice, je vous invite à venir avec moi y prendre part : j'ose vous promettre un véritable plaisir à cet humble travail de ménage.

Afin de ne blesser en rien votre délicatesse, nous allons choisir pour cette opération un beau salon, dans lequel nous trouverons réunies toutes les exigences du luxe et du goût : tapis, glaces, lustres, meubles somptueux, riches et moelleux rideaux, dorures étincelantes, fleurs douces et parfumées... Seulement nous n'y entrerons pas au milieu du jour, nous prendrons l'heure du matin, où les maîtres de la maison se reposent encore des fatigues de la veille, et nous nous mêlerons aux serviteurs le balai et le plumeau à la main.

Nous sommes dans une bonne maison, où l'on assiste à la messe, où l'on fréquente les sacrements ; ces murs n'entendent jamais que la prière et les douces causeries de l'amitié et de la famille. A cette heure encore tout est rangé, tout est en ordre, et pourtant vous sentez le désordre... l'air est lourd, les meubles sont ternes et sans éclat, toutes ces belles choses semblent flétries. Pourquoi? Nous le comprendrons tout à l'heure... Maintenant, à l'œuvre... Prenez votre balai, introduisez-le bien dans tous les petits coins, mais doucement, doucement ; si vous êtes trop brusque, vous ferez voler la poussière, elle retombera sur vous et il faudra recommencer l'ouvrage. Voyez comme, à mesure que votre balai avance, la place qu'il parcourt devient claire, nette, brillante, — jouissez de ce plaisir... Prenez maintenant le plumeau et un linge, faites disparaître sur les meubles tout ce qui les ternit encore, frottez bien où vous voyez une tache, faites reluire, — voilà l'ouvrage terminé : tout est à la même place, mais tout est changé; l'air circule et apporte la vie, vous respirez librement : le balai a procuré à ce salon la même fraîcheur que procure à l'âme une bonne confession. Quelque soigneux que nous soyons, notre maison matérielle ne peut pas plus se passer du coup de balai de tous les matins que la maison de notre âme du journalier examen de conscience : par cela même que nous existons, nous nous couvrons de poussière.

Dès l'enfance j'ai éprouvé, en pratiquant la musique, ce même sentiment de malaise que l'on éprouve en entrant le matin dans une chambre qui n'est pas encore arrangée. Lorsque je commençai à examiner et à réfléchir, c'est-à-dire quand, par la grâce de Dieu, je fus catholique, je compris d'où me venait ce sentiment : c'est que dans la musique on n'ôte jamais la poussière. En effet, comment l'ôter puisqu'il est bien convenu qu'elle n'y existe pas? Pour les uns, la musique est trop niaise pour recéler le mal, pour les autres trop noble. — Elle se trouve donc, par un consentement général, hors la règle commune, qui veut que toute œuvre porte l'empreinte de son auteur : or, l'homme est un mélange de bien et de mal, de grandeur et de misère.

Une fois le mal exclu de la musique, la conséquence naturelle de cette erreur a été que toutes les émotions nées d'elle sont bonnes, pures, innocentes. Ce bienheureux art est donc arrivé à se créer une petite chambre à part dans le cœur, où l'examen et le balai ne pénètrent jamais.

Une chambre sans balai : c'était là, on le comprend, la cause de mon malaise.

Aussitôt fixée sur ce point, je me demandai comment m'y prendre pour procurer à cette chambre un bon nettoyage; où trouver un balai assez doux et assez ferme pour entrer dans tous ses coins et recoins; et surtout comment y introduire la clarté du jour, et par là faire voir à tout le monde combien elle a besoin d'être époussetée et aérée à fond.

Alors me tomba sous la main un travail sur le rhythme par un célèbre maître en musique. Ce fut un trait de lumière, juste la lumière dont j'avais besoin pour éclairer cette pauvre chambre et y faire admettre le balai. Je compris qu'il fallait trouver la signification des formes rhythmiques, y démêler le mal d'avec le bien et, par cette connaissance, montrer combien est dangereux le désordre de ce terrain neutre, où le blanc et le noir, le bien et le mal, Dieu et le diable se confondent et deviennent une seule et même chose.

Expliquer le rhythme, voilà la lumière ! *Porter l'examen dans la musique*, voilà le balai !

Veuillez donc, cher lecteur, venir avec moi ; nous entrerons ensemble dans cette mystérieuse chambre du cœur, et, après y avoir fait pénétrer en plein la clarté du soleil, nous prendrons le balai, et vous m'aiderez à la nettoyer et à la parer, afin de la rendre digne de recevoir son Souverain et son Roi, Celui pour qui tout le cœur a été créé : le doux et miséricordieux Sauveur des hommes.

DU RHYTHME.

Le rhythme musical, a dit un savant auteur (M. Fétis père), est la symétrie de la durée, du mouvement et de l'accent, c'est-à-dire qu'il est la forme spirituelle produite par la combinaison régulière de ces trois éléments rendus sensibles à l'oreille par le son.

Cette définition nous montre les différentes pièces dont se compose le mécanisme extérieur du rhythme, si l'on peut s'exprimer ainsi. Elle ne nous fait pas connaître ce quelque chose d'intérieur qui fait fonctionner et mouvoir ce mécanisme.

En littérature, le sens n'est pas attaché au rhythme, puisque l'on peut faire des combinaisons de mots dépourvus de tout sens raisonnable et qui pourtant satisfont ce sentiment rhythmique que nous portons en nous. En musique, au contraire, le sens même de la phrase est renfermé dans le rhythme, le son n'ayant par lui-même qu'une signification d'expression. Dès lors, pour trouver ce qui constitue le rhythme, ne faut-il pas tout simplement se demander ce que représente la musique? Le même auteur nous donne cette seconde définition: « La musique est la représentation des sentiments et des affections de l'âme. » Le rhythme ne peut donc guère être autre chose que la forme même du sentiment. Et en effet, si l'on veut examiner les caractères du sentiment et de quelle manière il se manifeste en nous, on retrouvera ces mêmes caractères, ce même mode de manifestation dans le rhythme musical.

Le sentiment se manifeste en nous par un *mouvement* intérieur qui produit nécessairement une certaine forme spirituelle devant l'œil de notre âme. Nous avons tellement le sentiment inné de cette manifestation de *mouvement*, que l'expression en est passée dans la langue; nous disons *mouvement* de joie, *mouvement* de terreur, etc. L'Ecriture sainte nous parle du *mouvement* du Saint-Esprit dans nos cœurs. Le sentiment a deux caractères fondamentaux : la force et la grâce. Si nous sommes mus par un sentiment dont le caractère est la force, notre cœur sera redressé en même temps que raffermi comme une base solide. Or, toute base solide suppose la *ligne droite*. Si, au contraire, le caractère de ce sentiment est la grâce, c'est-à-dire l'amour, la charité divine, cette charité se plie et se contourne autour du cœur pour le gagner et le dilater, et ce *mouvement* qui prend la forme même de ce qu'il veut transformer, ne peut se produire que par la *ligne courbe*. Mais la force seule est inflexible; la grâce seule touche, mais ne perfectionne pas; pour que l'âme se développe et atteigne son but, qui est la ressemblance parfaite avec Dieu, ces deux caractères s'unissent et donnent ainsi lieu à l'existence de trois caractères distincts dans le même sentiment.

Voyons si le rhythme musical remplit les conditions de ressemblance nécessaires pour en être la forme.

Nous trouvons d'abord que le mouvement rhythmique, en musique, est produit par deux combinaisons de mesure fondamentales, savoir : la mesure à deux et à quatre temps, qui produit le rhythme binaire, et celle à trois temps, qui produit le rhythme ternaire. La mesure à quatre temps, par le nombre égal de temps forts et de temps faibles, fait naître un mouvement qui a nécessairement *la force* pour principe, tandis que la mesure à trois temps, un temps fort contre deux temps faibles, tombe dans le domaine de *la grâce.* Quand l'accent est observé régulièrement sur le temps fort, la mesure à quatre temps produit un *rhythme carré*, ou forme composée de *lignes droites.* La mesure à trois temps, au contraire, dans les mêmes conditions, nous retrace une forme arrondie ou *ligne courbe.*

A côté de ces deux mesures fondamentales, nous trouvons la mesure de combinaisons binaires divisées par fractions ternaires, ou union des deux rhythmes, marquée par les mesures de $\frac{12}{4}$, $\frac{12}{8}$, $\frac{12}{16}$, $\frac{6}{4}$, $\frac{6}{8}$, $\frac{6}{16}$, etc., et donnant lieu à l'existence de trois rhythmes distincts dans le même mouvement. La ressemblance du rhythme musical avec le sentiment humain est donc parfaite et entière.

Montrons la justesse de notre description de ce sentiment. L'âme étant créée à l'image de Dieu, tous ses *mouvements* doivent présenter les caractères de Dieu lui-même ; or, Dieu se manifeste à nous sous trois formes distinctes : comme Créateur, comme Rédempteur, comme Sanctificateur. Comme Créateur, dans *la force ;* comme Rédempteur, dans l'*amour ;* comme Sanctificateur, dans la force et l'amour réunis. Le rhythme musical, comme le sentiment de l'homme, n'est donc autre chose que l'image d'un Dieu en trois personnes : Père, Fils et Saint-Esprit.

Parmi les exercices spirituels, la contemplation est le plus parfait, parce qu'elle dégage l'âme de tout lien terrestre et matériel et la met en communication directe avec Dieu. La conception musicale procède par une opération parfaitement analogue à celle qui se fait dans l'âme par la contemplation. En cet exercice, l'intelligence choisit d'abord ce qui doit en faire le sujet ; après quoi, l'amour produit les différents sentiments qui exaltent et transforment le cœur. L'action de l'intelligence, dans son extrême rapidité, y est comme imperceptible. Cette opération finie, l'intelligence s'unit à l'amour pour former le bouquet spirituel des saintes pensées et des bonnes résolutions qui doit être le fruit de la contemplation. De même, dans la conception musicale, l'intelligence propose d'abord l'idée au sentiment, et le sentiment la contemplant par l'œil de l'imagination, fait naître ces différents mouvements qui se traduisent en rhythme et en son. L'œuvre finie, l'intelligence s'unit au sentiment pour la juger, la corriger, la perfectionner.

Quand l'imagination contemple des choses basses, elle donne naissance à des sentiments bas, lesquels se manifestent par un mouvement qui en est la forme ; contemplant des choses élevées, elle produit des sentiments élevés, se manifestant également par un mouvement qui en imprime la forme dans nos âmes. Si donc l'artiste est animé de l'amour de Dieu et du désir du bien, le rhythme retracé dans son œuvre sera une forme pure qui portera au cœur et au sang de l'auditeur une semence ds bonnes pensées. Mais si l'artiste n'a plus ni foi ni amour de Dieu, quels seront les mouvements produits par son imagination? La musique moderne, ce cadavre en décomposition, est là pour répondre, et ses exhalaisons ne sont pas moins meurtrières à la santé de l'âme que la peste ne l'est à la santé du corps. Qu'on ne s'y trompe pas, *le son* a la propriété de dissimuler et de déguiser ce que nul ne supporterait sans ce déguisement, mais il n'a pas la puissance d'ôter le mal; le mal n'en devient, au contraire, que plus redoutable, semblable à ces poisons subtils qui détruisent lentement la vie en faisant croire à une mort naturelle.

L'auteur d'un petit ouvrage sur les danses modernes se demande s'il se trouverait une mère au monde qui laissât danser sa fille dès qu'on ôterait la musique du bal? La question toute seule démontre ce pouvoir que possède le *son* d'ennoblir en quelque sorte ce qu'il y a de plus vil. Sans la musique, tout le monde rougirait de danser; mais avec la musique, le bal est-il plus innocent? Certes, non; seulement le charme du *son* couvre ces mouvements grossiers des corps, plus dignes d'animaux que d'êtres raisonnables. On comprend que si le *son* peut persuader à nos yeux de ne plus voir ce que nous voyons, combien plus ne peut-il pas persuader à notre esprit que tous ces mouvements spirituels de la musique sont indistinctement bons et inoffensifs? Voilà précisément ce qu'il a fait jusqu'à présent; car c'est une chose généralement admise que le mal n'existe pas dans cet art, parce que, dit-on, le *son* n'a pas de sens. *Le son*, c'est possible; mais *le mouvement*, dont le son n'est que l'enveloppe? Le mouvement, je le répète, nous retrace exactement tous nos bons et mauvais sentiments; il glisse dans nos âmes des traits épars, qui peu à peu se rassemblent et finissent par former une image complète; image de perfection ou image de corruption, selon la nature des rhythmes.

Le rhythme de corruption a ses trois caractères distincts, aussi bien que celui qui est produit par l'action divine : le rhythme de l'infamie, le rhythme de la mollesse, le rhythme de l'orgueil. Le premier est une bacchante; le second est un lâche vaniteux; le troisième est un philosophe qui retourne les entrailles de la terre pour y chercher la vérité et qui ne la trouvera jamais, parce qu'il ne voudra jamais consentir à lire le catéchisme. Le premier engendre la licence, le deuxième engendre l'imbécillité, le troisième engendre le désespoir; tous les trois mènent à la perdition. Et c'est pourtant là ce qui se pratique tous les jours dans les familles catholiques, dans les institutions religieuses et jusque dans nos sanctuaires en face du Saint-Sacrement!

Presque toutes les productions de la musique moderne peuvent être rangées dans une de ces trois catégories. Dans la classification qui va suivre, nous nous bornerons à parler de la musique écrite pour piano, comme tenant la plus grande place dans la vie des familles. Mais ce qui est vrai pour cette branche de l'art musical est, plus ou moins, applicable à toutes les autres. Les trois rhythmes en question correspondent exactement aux trois genres de musique usités habituellement dans l'enseignement du piano. La grande famille des polkas et ses dérivés entrent dans la première catégorie ; les pièces de fantaisie, depuis l'*étude* jusqu'aux arrangements d'opéra, constituent la seconde ; la troisième embrasse les formes de musique sérieuse, sonates, concertos, etc., depuis le temps de Beethoven, car c'est ce grand et admirable génie qui en est le père et le fondateur.

Nous ne nous arrêterons pas à considérer la première catégorie, dite de *l'infamie*. Nous prierons seulement tous ceux qui doutent de la justesse de cette dénomination, de respirer, ou de balancer leurs corps dans la mesure d'une polka, — sans *son*, bien entendu, — et ils acquerront sous ce rapport une pleine et entière conviction. Dans la seconde catégorie, nous signalerons surtout l'*Étude* et la *Fantaisie*, ou arrangement d'opéra.

Le morceau de musique désigné sous le nom d'*Étude*, était, dans le commencement, un certain exercice pour former le mécanisme des doigts. Afin d'adoucir aux enfants l'ennui de répéter plusieurs fois de suite la même chose, on imaginait de prendre la phrase qui formait l'exercice et de la moduler. De cette manière, on flattait l'oreille tout en initiant l'enfant à une sorte de première formation de la pensée musicale. Cette invention pourrait être d'un grand secours dans l'enseignement élémentaire, et les *Études convenablement rhythmées* y tiendraient une place utile ; mais les *Études* n'auraient jamais dû sortir de ce cercle restreint de l'enfance. Quand l'homme, devenu homme, ne s'occupe qu'à des jeux d'enfant, en y ajoutant seulement ses vices et ses passions, cette occupation le mène tout droit à l'imbécillité, et c'est ce qui est arrivé par les *Études*. Nos compositeurs modernes, qui ne brillent pas précisément par la richesse d'idées, ont trouvé cette forme-là très-commode, et ils ont assis sur elle tout l'édifice de l'éducation musicale. Nous avons donc des *Études* depuis l'Étude *élémentaire* jusqu'à l'Étude de *perfectionnement*, d'*expression*, de *style*, etc. Si nous ne nous trompons, avoir du style veut dire savoir mettre de l'ordre et du mouvement dans ses idées. Mais comment arriverai-je à mettre de l'ordre et du mouvement dans mes idées, si je n'en ai qu'une seule, qui quelquefois même n'en est pas une, laquelle je répète continuellement en changeant seulement d'intonation de voix? Cette méthode ne donnerait probablement du style à personne; aussi, depuis l'existence des mille et mille *Études* composées à cette intention, le style en musique s'en va-t-il de plus en plus.

La *Fantaisie* est un amalgame de ce que l'on appelait autrefois *pot-pourri* et *variations*. La *Fantaisie* renferme ordinairement plusieurs motifs d'opéra comme le pot-pourri; elle les présente avec différents accompagnements, ce qui l'approche des *variations*. Le *pot-pourri* était primitivement destiné à amuser les personnes dont l'intelligence était trop bornée pour jamais leur permettre d'apprendre à penser. Pour avoir acquis le pompeux titre de : *Grande Fantaisie brillante*, le *pot-pourri* n'a rien perdu de sa physionomie, il y a seulement gagné un surcroît de confusion. Dans les morceaux appelés *Variations*, les compositeurs d'autrefois s'appliquaient à présenter le même motif sous différentes formes et avec différentes expressions, ce qui occasionnait souvent des transformations fort piquantes et fort spirituelles ; exemple, les trente-trois variations sur le même thème, par Sébastien Bach, etc. Ce mérite, du reste unique, les *variations* l'ont perdu dans leur union avec le *pot-pourri*. La *Fantaisie*, de nos jours, est restée un *pot-pourri* à grandes prétentions et à grand bruit, gardant toujours son même pouvoir de mener à l'imbécillité tous ceux qui n'y sont pas déjà par nature.

Pour ce qui reste de cette seconde catégorie, nous nous bornerons à citer quelques titres : les noms de *rêverie*, *soupirs*, *désespérance*, *mélancolie*, etc., feront apparaître à tout être de bon sens le sot pâle et incompris, l'être lâche et vaniteux.

Il y a encore des productions mixtes, *caprice*, *nocturne*, etc., etc., qui se rapportent tantôt à l'une, tantôt à l'autre, tantôt aux trois catégories ensemble.

Nous avons dit que Beethoven est le chef de l'école dont les œuvres forment la troisième catégorie, ou rhythme de l'orgueil. Avant lui, Haydn et Mozart avaient donné de grands développements à la *sonate*, forme parfaite par-dessus toutes, parce qu'elle est le produit de ce sentiment instinctif de l'homme qui cherche sans le savoir à reproduire les traits adorables du Rédempteur. Les sonates de Haydn nous dépeignent l'âme pure et naïve du chrétien, qui a toujours cru et toujours aimé le bon Dieu, sans avoir plus l'idée de douter et de raisonner que le petit enfant l'idée de discuter les paroles de sa mère. Mozart, par le sentiment de mélancolie empreint dans presque toutes ses œuvres, nous montre la situation d'une âme qui désire autre chose que ce qui lui est permis de désirer, mais chez laquelle la foi vivante encore fait naître la résignation. Elle obéit par devoir, elle n'obéit plus par amour; aussi reste-t-elle triste dans son obéissance.

Nous ne mentionnons pas ici Ch.-Em. Bach, Clémenti, Dussek, Cramer, Weber et beaucoup d'autres qui ont écrit de la musique sérieuse pour le piano, parce que leurs œuvres ne représentent que des individualités plus ou moins marquantes. Jean-Sébastien Bach représente bien un principe, mais ses productions, restées enfouies dans les archives, n'ont pu exercer aucune influence décisive sur le développement de l'art.

Haydn ayant retracé la foi simple de l'enfant; Mozart l'amour imparfait qui souffre par le sacrifice, la tâche de Beethoven semblait être de dépeindre l'amour parfait qui combat tout, qui est vainqueur de tout, et qui ne trouve de bonheur que dans le sacrifice de tout. La nature de son génie, plein d'enthousiasme et se portant naturellement au sublime, l'avait comme prédestiné à cette belle œuvre. Mais Beethoven a fait fausse route. Nous examinerons en son endroit les causes artistiques qui ont déterminé cette déviation; ici nous n'en constaterons que les effets. Après avoir, dans ses premières compositions, suivi les traces de Haydn et de Mozart, l'individualité de Beethoven se manifeste par l'expression d'un besoin immense de se défaire de toute règle et de tout frein, c'est l'amour de l'indépendance. Comme l'amour de l'indépendance n'est en réalité que le désir d'être délivré de tout ce qui gêne, cet amour, poussé à ses dernières conséquences, nous porte à nous défaire de Dieu, dont l'existence finit par constituer une gêne. Quand l'homme en est arrivé là, commence cette lutte terrible entre l'orgueil, qui se substitue à Dieu, et le sentiment de notre impuissance, qui s'effraye de porter le poids de la divinité ; lutte dépeinte d'une manière saisissante dans les œuvres de Beethoven, et dont la dernière fin s'appelle folie ou désespoir. La musique de Beethoven fait aimer et se complaire dans le désespoir ; on y pleure des larmes de sang, non pas sur les douleurs d'un Dieu mort pour nous, mais bien sur la perte éternelle du diable. Rhythme d'orgueil qui cherche la vérité, qui implore la vérité, mais qui ne veut pas accepter cette vérité dans les conditions où il lui a plu de se révéler à nous. C'est toujours le Juif disant au Rédempteur : Descends de la croix, et nous croirons en toi. — Obéis à nos caprices, flatte nos mauvais instincts, et nous te proclamons le Dieu de vérité, sinon... CRUCIFIGE ! Et ces œuvres-là le mettent à mort dans nos cœurs, comme les Juifs l'ont mis à mort sur la croix.

Nous savons fort bien que beaucoup de personnes, artistes et amateurs, pratiquent ces choses sans arriver aux conséquences extrêmes que nous indiquons, soit parce qu'elles en sont préservées par de fortes croyances religieuses, soit par toute autre raison ; mais ces personnes font l'exception. Le plus grand nombre est mené directement à la perdition par les trois larges routes de la sensualité, de l'abrutissement et du dégoût de la vie. Pour se sauver, il ne suffit pas d'éviter l'action du mal ; il faut encore en éviter la pensée et faire le bien. Or, pour accomplir ces deux choses, il est nécessaire de posséder une certaine énergie d'âme, que la musique, telle qu'elle est pratiquée aujourd'hui, aide à détruire en y substituant une forte tendance à la mollesse, ou, si l'on aime mieux, à la rêverie. La rêverie peut paraître fort agréable et fort poétique, mais ce n'est certainement pas par elle que l'on entrera dans le paradis.

Nous répondrons d'avance à ceux qui taxeront ces considérations d'exagération et de fanatisme, et nous leur demanderons ce que les beaux-arts sont venus faire parmi nous, et de quel principe ils sortent? Viennent-ils du besoin de nous *amuser* ou du besoin de restaurer en nous l'image de Dieu? S'ils viennent du besoin de nous amuser, traitons-les comme les enfants traitent leurs jouets; brisons-les. Mais s'ils viennent du besoin d'effacer en nous l'image du péché et de nous refaire à l'image de Dieu, ne les profanons pas en les faisant servir de bourreaux ou de baladins. Faisons-les entrer dans une voie où ils pourront accomplir leur œuvre d'*idéaliser la nature*, c'est-à-dire nous la représenter sans la tache du péché, ou tout au moins occupée à restaurer ce que le péché a défiguré en elle. De cette manière, les beaux-arts nous deviendraient d'un merveilleux secours dans ce laborieux travail de notre régénération. Après la chute, l'homme ayant perdu la ressemblance avec le Dieu de gloire, pour la reconquérir, il lui faut d'abord se faire à l'image d'un Dieu souffrant et humilié. Imprimer dans nos cœurs l'image de Jésus crucifié doit donc être le but principal des beaux-arts. La musique en possède les moyens plus complétement qu'aucun autre, car elle peut seule entreprendre l'œuvre la plus grande, nous dirons la plus impossible qui puisse être proposée à l'imagination d'un artiste : celle de représenter les affections du sacré cœur de Jésus... En effet, la musique devant exprimer le *sentiment*, l'amour *idéal*, où chercher cet amour sinon dans le cœur de Jésus? Ce n'est qu'en y entrant et en étudiant les mouvements de ce divin cœur que l'artiste trouvera la forme parfaite de l'amour parfait. En dehors de cette œuvre, il est indigne d'un homme de passer sa vie à chercher des formes et des expressions ; qu'il travaille de sa main, et l'humanité ne s'en trouvera pas plus mal.

Et que l'on ne crie pas à la barbarie : nous savons fort bien que le *beau* a une supériorité sur l'*utile*, supériorité que Notre-Seigneur, si nous avons bien compris, a consacrée d'une manière très-précise dans deux circonstances de sa vie : la première, en louant Marie absorbée dans la contemplation de la beauté divine, et en reprenant Marthe trop occupée aux soins de l'*utile* ; la seconde fois, quand cette même Marie a répandu des parfums sur ses pieds, et que Judas le lui ayant reproché, le Sauveur déclare que ce culte doit être préféré même au soin des pauvres. Mais croit-on que le Seigneur aurait parlé de la sorte si ce culte de Marie s'était adressé à quelque chose autre qu'à la beauté incréée et éternelle ? Certes non, et la pratique de l'art pour l'art est tout aussi coupable qu'elle est niaise. En voici la raison : toute contemplation de la beauté fait naître un désir qui ne peut être satisfait que par la vérité ; aussi n'y a-t-il de bonheur que dans le seul amour de Dieu, qui donne en même temps le désir et sa satisfaction, et son repos. La contemplation de la beauté séparée de la vérité fait aussi naître un désir, mais un désir vague et sans objet qui jette l'âme dans toutes sortes d'agitations et d'incertitudes, et qui tourne presque infailliblement au profit de l'esprit du mal, qui sait fort bien se trouver juste à propos pour présenter à cette âme en peine une erreur quelconque déguisée en vérité. L'art qui nous représente cette sorte de beauté n'est en réalité qu'une bête nuisible portant la corruption dans les cœurs.

ORIGINE ET BUT

DES BEAUX-ARTS

—

I.

La pratique de l'art pour l'art pèche directement contre le premier commandement de Dieu, parce que toute expression du *beau* est un acte d'amour, qui, à ce titre, n'est dû qu'à Dieu seul. En effet, tant que nous n'aimons pas, nous croyons déjà bien faire en remplissant exactement nos devoirs, si toutefois il est possible de les remplir sans l'amour de Dieu ; mais dès que l'amour entre dans nos cœurs, nous trouvons à faire ces mille petites choses délicates qui sortent du domaine de l'*utile* pour constituer celui du *beau*. Toute forme de beauté est donc essentiellement une forme d'amour.

Dieu lui-même nous en donne l'exemple dans les créations de la nature : un champ de blé, un champ de pommes de terre, ne nous parlent pas de l'amour de Dieu comme nous en parle une fleur..... si Dieu pouvait avoir des devoirs envers une créature perverse, le champ de blé serait presque le devoir de Dieu, de nous nourrir après nous avoir créés. Mais la fleur, cette charmante et gracieuse inutilité, est-elle bien autre chose qu'une expression d'amour de Dieu? Il me semble qu'elle nous découvre comme toute surabondance de l'amour du cœur de Jésus.

Les beaux-arts étant nés de ce besoin du cœur humain d'embellir, c'est-à-dire d'aimer, ils sont comme des fleurs spirituelles qui ne doivent être offertes qu'à Celui qui est jaloux de tous les mouvements de nos cœurs, et qui a bien voulu nous aimer le premier. L'hommage de toute œuvre d'art est donc rigoureusement dû à Dieu, et l'artiste qui fait de l'art pour l'art passe sa vie à produire des actes d'amour du diable.

Après cela, pourquoi les artistes se plaignent-ils de ce que l'*utile* envahit tout, et que les beaux-arts sont de moins en moins compris et estimés? Toute chose qui veut avoir le droit d'exister, à côté de ses obligations envers Dieu a encore des services obligatoires à rendre, soit à l'âme, soit au corps de l'homme. J'estime l'ouvrier qui me chausse, qui m'habille, qui bâtit ma maison, j'estime même à la rigueur l'inventeur du chemin de fer, qui me fait aller plus vite quand je suis pressé; mais le coloriste, le rimeur, le sonneur, qui colore, qui rime et qui sonne uniquement pour sa propre gloire et au plus grand avantage du mal, pourquoi veut-il que je l'estime, et quels services me rend-il? Est-ce qu'il assiste mon âme de manière à la mettre en état de mieux supporter les fatigues et les défaillances de ce chemin difficile qui se nomme le chemin du paradis? Ne m'ôte-t-il pas plutôt ces vêtements de l'âme, la foi et la charité, qui étaient destinés à la couvrir et la préserver contre le froid et les épines de la route? Et si je m'égare en chemin et que j'aie besoin de tous les moyens de vitesse pour arriver à temps, sait-il me construire un chemin spirituel pour me ramener à toute vitesse dans la voie droite des commandements de Dieu?

L'art s'est perdu par orgueil. Il n'a pas voulu accepter son rôle de serviteur de l'Église, il a voulu être maître à son tour, et il a trouvé l'esclavage le plus dur et le plus humiliant : celui de l'ignorance et de l'or. Il n'a pas compris que le jour où il se sépare de l'Église, il perd son caractère élevé d'*enseignant* pour prendre celui d'*amuseur*, au même titre qu'un saltimbanque que l'on renvoie aussitôt qu'il ennuie.

La musique étant l'art qui parle le plus directement à l'âme, devrait être le premier à rentrer sous la domination de l'Église. Mais pour opérer ce retour il lui faudrait se dépouiller de son expression *vague*, le vague n'existant pas dans l'Église, et se revêtir du caractère en même temps précis et mystérieux de l'*infini*.

C'est ce que nous allons essayer de faire, avec le regret bien grand que cette tâche ne soit pas échue à quelqu'un de plus habile et de moins indigne de la remplir convenablement. Toutefois nous avons l'espoir que notre faiblesse même nous servira, en nous pénétrant plus profondément de la nécessité de chercher la lumière auprès de Celui qui est la lumière du monde.

II.

Nous rappellerons d'abord qu'il est généralement admis : 1° que la musique n'a pas de signification précise; 2° que la musique représente le sentiment, mais

qu'elle ne possède aucun moyen de reconnaître la ressemblance de ce sentiment, toute vérification étant rendue impossible, d'un côté par le nombre infini de sentiments que renferme le cœur humain, de l'autre côté par l'incompréhensibilité de l'*idéal*. Ce qu'exprime la musique instrumentale, a dit le célèbre auteur dont nous avons déjà cité les définitions (M. Fétis), est une énigme, et pour celui qui compose, et pour celui qui écoute, parce que la musique instrumentale exprime l'*idéal*.

Tout cela veut dire, ce nous semble, que la musique ne sait clairement ni ce qu'elle exprime, ni comment elle l'exprime. Si elle est sans signification sous le rapport moral et intellectuel, comment peut-elle représenter le sentiment, qui est très-étroitement lié et à la morale et à l'intelligence? Si elle est sans moyen de reconnaître la ressemblance de ses représentations, comment peut-elle savoir que c'est le sentiment qui en est l'objet? Le peintre sait ce qu'il représente, parce que son intelligence peut saisir, par l'intermédiaire de la vue, le rapport de forme et de couleur qui existe entre son tableau et la chose qu'il a voulu peindre. Mais si l'ouïe, dès qu'il s'agit de musique, est hors de la portée de l'intelligence, comment encore une fois a-t-elle pu nous apprendre que ce qu'elle entend est une représentation du sentiment? Je veux bien que nous sentions par instinct certaines vérités; mais pour que ces vérités passent à l'état d'art ou de doctrine, il faut que l'intelligence s'en mêle, sinon point d'art, point de doctrine. Un art ou une doctrine, c'est-à-dire un enseignement, doit s'adresser à l'homme tout entier; or, l'homme n'est pas seulement *sentiment*, il est aussi *intelligence*, et tout ce qui étant inaccessible à l'esprit parle au cœur, y jette le trouble, et partant la corruption. Ceci est tellement vrai, qu'il est même dangereux d'exciter dans l'homme de grands désirs de sainteté, sans lui donner en même temps une méthode claire et précise pour y parvenir. Tout ce qui est *vague* porte au déréglement, et un désir mal défini est l'auxiliaire le plus sûr que le démon puisse trouver dans le cœur de l'homme.

La morale et le bon sens sont donc également intéressés à ce que la musique sorte enfin des ténèbres de confusion qui ont défiguré sa pure et sérieuse beauté.

Ce travail de débrouillement doit porter sur trois points, savoir : 1° la nature du sentiment ; 2° ce que c'est que l'*idéal* ; 3° les moyens que possède la musique pour représenter ce *sentiment idéal*.

Pour éclaircir le premier point, nous écarterons tout d'abord la difficulté du nombre infini de sentiments, en faisant observer que l'on fait confusion de sentiments et de *nuances*. Tous les mouvements du cœur humain peuvent être ramenés à un seul principe, qui est l'*amour*, mais dont les *nuances* sont infinies, depuis le plus haut degré d'élévation jusqu'au dernier degré d'abaissement où puisse se trouver une âme humaine. Nous aimons ou nous n'aimons pas, voilà tout le mécanisme du cœur, amour ou haine ; — mais la haine n'est pas un sentiment indépendant, elle est uniquement l'impression que la vue du mal ou du bien produit sur l'amour, qui hait nécessairement tout ce qui est contraire au bien ou au mal, selon sa *nuance*.

L'amour a trois nuances principales, sujettes à une infinité de subdivisions : l'amour de Dieu, l'amour de soi-même, et l'amour combiné de Dieu et de soi-même. C'est ce dernier amour que le Seigneur vomit de sa bouche.

Chacune de ces nuances produit trois effets. L'amour de Dieu produit la *pureté*, l'*abnégation*, le *sacrifice* ;

L'amour de soi-même : l'*infamie*, l'*orgueil*, la *lâcheté* ;

L'amour combiné : le *trouble*, l'*indécision*, la *tiédeur*.

L'amour peut se trouver dans trois états différents, correspondant à ses trois principales nuances : dans la *joie*, dans la *douleur*, dans la joie et la douleur unies, donnant naissance à l'*incertitude*, qui est *crainte* ou *espérance;* crainte, réminiscence de douleur ; espérance, réminiscence de joie. La joie et la douleur éternelles créent le repos ou stabilité. Repos de bonheur ou de terreur. L'incertitude crée la tendance ou nécessité d'un changement.

C'est là, si nous ne nous trompons, le résumé de la nature et de l'action du *sentiment* dans nous.

Essayons maintenant de préciser ce que c'est que l'*idéal*. — Nous nous servons ici de l'expression *idéal*, parce qu'elle est consacrée dans le langage des arts, mais il nous semble que, dès qu'il s'agit des mouvements de l'âme, le terme *surnaturel* serait plus exact, l'homme déchu ne pouvant plus s'élever à la perfection sans le secours d'une opération surnaturelle et divine.

L'*idéal* est une chose qui est contraire à la *réalité*, mais conforme à la *vérité*. Ses perfections sont au-dessus de l'état *réel* et *naturel*, mais elles sont possibles, c'est-à-dire *vraies*. L'objet des représentations de la musique instrumentale étant le sentiment ou l'*amour idéal*, nous devons donc rechercher dans quelles conditions doit se trouver l'amour pour être *idéal*. Celui qui aime un objet aimable à cause des satisfactions qu'il lui procure, aime selon la *réalité*, et d'un amour *naturel*.

L'amour idéal, au contraire, est pur et désintéressé, sa marque distinctive est le sacrifice. Il aime celui qui n'ajoute rien à son bonheur, à qui tout manque pour être aimé, et dont il n'a reçu que des outrages, et il l'aime si pleinement et si entièrement qu'il consent à devenir, à cause de lui, un objet de haine et d'horreur. Il quitte la splendeur de ses perfections pour se couvrir des opprobres de son bien-aimé, et après ce dépouillement de tout, il inspire encore à celui qu'il anime, le sacrifice de la vie et le don entier de lui-même, non pas une fois, ce ne serait pas assez pour satisfaire à cet amour, mais continuellement, à travers tous les temps et jusqu'à la fin des siècles.

Il n'y a qu'un seul cœur dans lequel on trouve tous ces caractères de l'amour *idéal*, et ce cœur est celui du Sauveur des hommes.

Ceci posé, la musique, pour représenter le *sentiment*, doit posséder les moyens de donner : sa forme, ses nuances, les différents produits qui en découlent, et l'état dans lequel le sentiment est conduit par chacun de ces produits en particulier.

Ensuite, la musique instrumentale, représentant l'*idéal*, doit nécessairement se produire à nous sous une forme capable de retracer les adorables mouvements du cœur de Jésus dans les différentes phases de sa passion.

Voilà le programme de la musique, en dehors duquel elle cesse d'exister comme art et comme enseignement.

III.

EXPLICATION DES FORMES RHYTHMIQUES FONDAMENTALES.

Toute chose existante, spirituelle ou matérielle, se présente à nous sous deux points de vue distincts : celui de la *substance* et celui de l'*expression*. L'union de ces deux éléments forme le tout complet. La substance du sentiment est créée de Dieu, l'expression du sentiment vient de l'état où il se trouve.

Les deux éléments dont se compose la musique sont *mesure* et *son*. La *mesure* est la *substance*, le *son* en est l'*expression*.

La *mesure* est la division du temps, le *son* est le moyen par lequel cette division est rendue sensible au sens de l'ouïe. Mais la mesure se meut dans le temps d'une manière raide et inflexible, et le *son* n'a par sa nature que l'expression *une* et uniforme. Pour s'approprier au sentiment, qui est souple et flexible dans sa substance et multiple dans ses expressions, ces deux matières premières de la *mesure* et du *son* subissent un travail de transformation, de même que la pierre précieuse est taillée et polie pour être montée en parure. C'est ce travail qui a produit le *rhythme* et la *tonalité*, transformations artistiques de la *mesure* et du *son*, et de leur union est sortie la musique.

Nous croyons avoir démontré, dans la première partie de ce travail, que le rhythme musical présente tous les caractères de l'amour divin, et partant de l'amour humain, qui en est l'image. En effet, le rhythme a trois formes distinctes : *binaire*, *ternaire*, *combinée*, qui correspondent exactement aux trois formes de manifestation de l'amour de Dieu en nous, savoir : *force*, — *grâce*, — force et grâce *réunies*, donnant naissance à la *tempérance*, qui est la symétrie du calme et de l'enthousiasme. De ces trois manifestations découlent les trois effets : *pureté*, *abnégation*, *sacrifice*.

Le rhythme binaire, — force, calme, ligne droite, — est la forme fondamentale de la pureté, parce que la pureté étant ternie par la moindre émotion, elle suppose un calme et une force qui ne se démentent jamais.

Le rhythme ternaire, — grâce, émotion, ligne courbe, — est la forme fondamentale de l'abnégation. L'abnégation naissant d'un premier mouvement de l'amour de Dieu, qui commence à faire plier l'esprit, et qui se manifeste par une légère émotion ou *confusion*, caractère distinctif de l'humilité.

Le rhythme combiné, — force et grâce, émotion dans le calme, cercle avec ses rayons, — est la forme fondamentale du sacrifice, cette vertu sublime qui embrasse tout à la fois les sens, l'esprit, le cœur, et élève l'âme à une union parfaite et entière avec Dieu. L'émotion dans le calme est le caractère du sacrifice, qui dilate le cœur et le sort de la régularité du calme matériel, en lui imprimant un mouvement plus grand, plus libre, en un mot, un mouvement surnaturel.

Pour que la musique puisse reconnaître la nuance précise du sentiment qu'elle se propose d'exprimer, il doit exister une manifestation extérieure du sentiment, indiquant ces nuances et tombant dans le domaine de l'oreille. Cette manifestation, c'est la respiration. En effet, la respiration nous transmet fidèlement tout ce qui se passe dans le cœur. Si le cœur se trouve dans un état de calme et de tranquillité, la respiration se fait régulièrement, sans secousse et sans interruption ; mais dès qu'il est remué par des affections moins sereines, que les passions et les inquiétudes y prennent naissance, la respiration change, devient irrégulière, précipitée, ralentie ou entièrement suspendue dans les moments de défaillance ou d'exaltation suprême.

Le rhythme musical, aussi bien que le sentiment, a sa respiration, produite par l'accent du temps fort, observé ou altéré, et qui imprime à la phrase, soit un mouvement régulier et calme, soit un mouvement lourd ou agité.

Les mesures binaire, ternaire et combinée, composées d'autant de notes d'égale valeur qu'il y a de temps dans la mesure, et *accentuées régulièrement*, donnent une respiration de l'amour divin. Ces mêmes mesures, dans les mêmes conditions, mais *accentuées irrégulièrement*, produisent une respiration de l'amour déréglé de soi-même. L'amour combiné, penchant tantôt du côté du bien, tantôt du côté du mal, respire plus ou moins dans les deux mouvements, et se reconnaît surtout par son expression qui indique sa fin dernière.

Si vous voulez un modèle de respiration de pureté, *écoutez* le sommeil d'un enfant au berceau; si vous désirez connaître la grâce du mouvement ternaire, reportez-vous aux émotions de votre première communion; et si enfin vous voulez étudier le sublime mouvement du sacrifice, représentez-vous la respiration en même temps calme et exaltée du prêtre et de la religieuse, au moment où leurs âmes renoncent à tout, pour devenir les épouses du Seigneur...

La division et l'accentuation régulières de la mesure, en donnant le modèle de la respiration rhythmique, ne donnent pas celui de la forme sentimentale, qui est *rhythme* et non pas *mesure*. Le rhythme est sorti de la mesure, mais il n'est pas la mesure. La mesure est matérielle, le rhythme est spirituel; la mesure est justice, le rhythme est miséricorde. La mesure est toujours la même, elle n'a qu'une forme fixe et immuable, et qui ne s'approprie qu'à la chose pour laquelle elle a été faite. Le rhythme se transforme sans cesse, il se plie à tout, il s'approprie à tout, il entre partout; il est tantôt justice, tantôt amour; il donne la vie à ce qui était déjà mort, et élève à la dernière perfection ce qui paraissait le plus vil et le plus méprisable.

Aussi, par les combinaisons rhythmiques, une *mesure* accentuée irrégulièrement peut produire une respiration pure, de même que l'observation régulière de l'accent sur le temps fort peut produire une respiration lourde et déréglée. Sous cette même action du rhythme, les mesures fondamentales se transforment et prennent le caractère les unes des autres.

Cette contradiction apparente vient de ce que le rhythme présentant toutes les propriétés de l'amour de Dieu, il fait des miracles.

Le miracle est *création* ou *rédemption.* Le rhythme étant surtout et avant tout le mouvement du cœur, ses miracles présentent surtout le caractère du miracle de la Rédemption.

Pour opérer la Rédemption, Dieu s'est incarné dans une ressemblance de corruption, et il a pris la forme d'un esclave du péché. Mais dès que cette forme a été animée par le mouvement divin, elle est aussi devenue divine; et ce cœur de chair, en tout semblable au nôtre, a été rendu digne d'adoration, sous les pulsations de l'amour d'un Dieu.

C'est là exactement le caractère des transformations qu'opèrent les différents mouvements du rhythme, appliqués aux mesures fondamentales.

Ces transformations se font: par la durée plus ou moins longue des notes, par le déplacement de l'accent, par les proportions de la période.

Ce sont les différentes combinaisons de ces éléments, *durée*, — *accent*, qui produisent les formes sentimentales ou phrases musicales. Ces formes, aussi bien que les mouvements du cœur humain dont elles sont l'image, peuvent varier à l'infini. Mais, de même que les mouvements du cœur, quel que soit du reste leur extravagance ou leur dérèglement, se rapportent toujours, et *malgré eux*, à un des trois caractères, *force*, *grâce*, *tempérance* ; de même la phrase musicale, dans n'importe quelle tête d'artiste, sera toujours construite dans un des trois rhythmes, *binaire*, *ternaire*, *combiné*. Sortie de là, elle tombe dans le néant.

Dans toute cette infinité de formes spirituelles, c'est toujours par la respiration que l'on détermine la nuance fondamentale du sentiment exprimé. Car la respiration reste *mesure*. Seulement, étant passée sous la domination du rhythme, elle en subit les lois. Ce n'est plus la *mesure* qui respire, c'est la *phrase*, dont les divisions forment des temps forts et des temps faibles indépendants de ceux de la mesure. De cette manière la respiration peut être régulière dans la *mesure*, irrégulière dans la *phrase*, binaire dans la mesure, ternaire dans la phrase, etc. Mais le rhythme ayant absorbé la mesure, c'est la respiration de la phrase, substituée à celle de la mesure, qui indique la nuance sentimentale.

Ceux qui défendent la spiritualité de la musique, s'opposent toujours avec force à l'idée de donner un sens exact à la musique instrumentale, prétendant que la précision détruirait l'essence même de la musique, qui est le *mystère*. Le côté mystérieux de la musique, comme celui du sentiment, n'est pas dans l'impossibilité de déterminer sa nuance et son caractère, mais dans l'impossibilité de fixer à ses mouvements un nombre ou une forme précis.

L'amour de Dieu produit un *mouvement* différent dans chaque cœur, mais cet amour lui-même ne change pas ; il est mystérieux, infini, jamais *vague*. Le *vague* porte dans l'âme les ténèbres de la confusion ; en y portant la clarté, la précision y laisse le *mystère*, qui est incompréhensible, mais déterminé. Nous avons une notion très-précise de tous les mystères de la religion, mais quel esprit créé pourra jamais en pénétrer les profondeurs?

Pour que les formes rhythmiques puissent avoir du *caractère*, elles doivent être appelées à la vie sous l'influence d'un sentiment *déterminé*, parfaitement *défini* et *définissable*. Plus ce sentiment sera clair, plus il donnera de *conviction* à l'artiste, et partant, de grandeur à son œuvre; car dans la vie artistique comme dans la vie morale, la grandeur naît et périt avec la force des convictions. Ce qui distingue les œuvres musicales de notre époque, c'est précisément ce manque de physionomie et de caractère; c'est de l'eau tiède, et toujours de l'eau tiède, jusqu'à ses dernières conséquences.....

Les artistes d'autrefois, qui ont fait des compositions que l'on désespère à présent de pouvoir jamais égaler, avaient une conviction dans le cœur, ou, au moins, désiraient en avoir une. Si donc, chez eux, la présence seule de cette conviction, qui n'était pas même appliquée directement à leurs œuvres, a produit de si grandes choses, combien n'en produira-t-elle pas de plus grandes chez l'artiste dont les productions sont la conséquence directe d'un sentiment clair et parfaitement défini? Le jour où les artistes musiciens mettront autant de soin à étudier les mouvements du sentiment *idéal*, qu'en mettent à étudier leurs modèles les peintres et les sculpteurs, ce jour-là verra éclore de nouveaux, de véritables chefs-d'œuvre.

IV.

Jusqu'ici nous n'avons parlé des nuances du sentiment que dans leurs rapports directs avec Dieu, laissant de côté toutes celles qui ne se rapportent qu'aux affections purement humaines. Cette manière de procéder nous a paru plus correcte, parce que l'art devant toujours tendre à l'*idéal*, il ne doit jamais perdre de vue son divin modèle, sans quoi le sentiment humain viendrait bien vite à se corrompre.

Mais, on le comprend, toutes les affections humaines, reconnues légitimes par l'Église, forment des nuances de l'amour divin ; de même toutes celles que l'Église déclare illégitimes sont des nuances de l'amour déréglé de soi-même.

Les affections humaines peuvent être divisées en *deux* nuances principales : *amour*, *amitié*, dont l'amour de Dieu forme le couronnement et le repos. Ces affections étant plus ou moins soumises à toutes les misères de notre pauvre nature, le cœur dans lequel elles sont établies aura des mouvements plus comprimés, moins grands et moins libres que ceux du pur amour de Dieu.

L'amitié étant une nuance essentiellement calme, sera toujours représentée par une forme rhythmique *binaire ;* tandis que l'amour trouve sa forme dans le mouvement ternaire, qui, même accentué régulièrement, marque une respiration légèrement altérée : la grâce étant née du désir de plaire, elle est nécessairement accompagnée d'une certaine émotion, inséparable de tout sentiment, qui cherche sa force en dehors de soi-même.

Le parfait amour de Dieu, se composant de la force et de la douceur, du calme et de l'enthousiasme, donnera seul un développement complet au cœur de l'homme. Sous l'impulsion de cet amour, ses mouvements deviendront calmes, grands, nobles, en même temps qu'ils perdront toute raideur pour se conformer au doux et humble cœur de Jésus. Ce mouvement produira toujours une forme rhythmique *combinée;* ce qui ne veut pas dire que tout morceau de musique représentant ce sentiment doit être écrit dans une des *mesures combinées* $\frac{12}{8}$ $\frac{12}{16}$ etc., non plus que les nuances de l'amitié ou de l'amour humains ne demandent des *mesures* à quatre ou à trois temps. Car, on doit se le rappeler, la *phrase* musicale étant indépendante de la mesure, les formes rhythmiques de *force, grâce, tempérance*, peuvent se trouver alliées à n'importe quelle indication de mesure.

Des *deux* éléments qui concourent à la formation du rhythme, *la durée* détermine les *proportions* rhythmiques, l'*accent* le caractère du sentiment et l'état où il se trouve.

La substance du sentiment étant spirituelle, et, partant, infiniment subtile, l'examen de ses formes et de ses mouvements ne suffit pas pour l'entière détermination de son caractère. Il faut examiner encore ses expressions, produites par l'état où il se trouve, et correspondant à ses trois nuances principales : amour de Dieu, *joie;* amour de soi-même, *douleur;* amour combiné de Dieu et de soi-même, *incertitude*.

Le *son*, expression de la mesure, s'étant transformé en *tonalité*, pour devenir expression du *rhythme*, a dû trouver dans cette transformation trois accents ou expressions différents, pour correspondre aux trois formes rhythmiques fondamentales : *forme régulière*, *forme irrégulière*, *forme incertaine*.

Nous trouvons ces trois expressions dans les trois accords fondamentaux, *majeur*, *mineur*, *dissonant*. L'accord parfait majeur, a l'accent clair et franc de la *joie*. L'accord parfait mineur, par son expression triste et plaintive, celui de la *douleur*. L'accord parfait *dissonant*, celui de l'*incertitude*. Les deux accords majeur et mineur, étant sans tendance, expriment le *repos*. L'accord dissonant, par la nécessité d'une résolution, exprime la *tendance*.

De même que les deux états, *joie*, *douleur*, sont des états fondamentaux, dont l'incertitude n'est que l'accident ou l'intermédiaire, de même les deux accords parfaits, majeur et mineur, forment les deux modes ou expressions fondamentaux, desquels l'accord dissonant constitue la transition ou l'accident.

Si la mesure musicale représente la mesure de la respiration, le *son* représente la voix humaine d'une manière non moins exacte. La voix, comme la respiration, est soumise à toutes les influences du sentiment.

Quand nous ne recevons que des impressions ordinaires, la voix se maintient à un diapason qui n'est ni trop haut ni trop bas. Mais lorsque l'émotion naît et grandit, la voix s'élève jusqu'à la force de l'exaltation, ou s'éteint dans les faiblesses de la défaillance. De même le *son* enfle et s'élève, par le *crescendo*, jusqu'au *forte*, ou descend, par le *diminuendo*, jusqu'au plus léger *pianissimo*.

La voix, comme la musique, a deux expressions ou *tons* fondamentaux, parfaitement distincts, celui de la *joie* et celui de la *douleur*.

Les *inflexions* de la voix changent selon la nature et le degré des affections qu'elle exprime. La tonalité musicale offre tous les timbres nécessaires pour l'expression de ces changements.

Lorsque la voix interprète des affections naturelles à un degré modéré, le changement d'*inflexion* est peu sensible, et surtout n'a rien qui frappe ou qui étonne. Un léger timbre de tristesse peut s'y mêler, même dans le *ton du bonheur*, sans rien altérer de sa sérénité fondamentale. Si, au contraire, des mouvements extraordinaires se font sentir dans le cœur, le timbre de la voix change souvent et fortement.

L'état naturel, le parfait équilibre de toutes les forces morales, se trouve représenté en musique par la suite d'accords appelée *cadence parfaite*, et composée des accords du premier, du quatrième et du cinquième degré de la gamme diatonique. Ici se trouvent réunis les éléments nécessaires pour l'expression de tout sentiment paisible et calme. Si une légère teinte de tristesse y est mêlée, l'accord mineur du second degré remplace celui du quatrième, sans rien changer à la *base* de la cadence.

Les accords du troisième et du sixième degré portent en eux une tendance prononcée à sortir du ton où l'on se trouve, et représentent ainsi les premières altérations dans l'état normal du sentiment. L'emploi de ces accords et, à plus forte raison, de modulations entièrement étrangères au *ton*, doit donc être motivé par des situations sentimentales plus fortes et plus émouvantes. Changer de *ton* à chaque moment pour flatter l'oreille et cacher ainsi l'absence de toute idée, est un des caractères de la musique moderne. La modulation remplace la musique, comme le coloris remplace la peinture.

La cadence parfaite se compose de quatre inflexions ou timbres différents ; 1° l'accord du premier degré avec sa *tonique* pour base ; 2° l'accord du quatrième degré ; 3° l'accord du premier degré avec sa *quinte* pour base ; 4° l'accord du cinquième degré, dit accord de la dominante.

Si l'on fait entendre consécutivement ces deux accords 1-4, l'oreille ne saurait décider lequel des deux est *tonique*. Si l'on y ajoute l'accord du premier degré avec sa quinte pour base, l'oreille reconnaît le *ton*, mais elle n'est entièrement satisfaite que par l'apparition de l'accord de la dominante, qui attire pour la terminaison celui du premier degré avec sa tonique pour base.

Les deux accords des quatrième et cinquième degrés se trouvent donc dans les rapports d'*indécision* et de *désir* vis-à-vis de celui du premier degré.

Ces nuances de sentiment sont toujours sensibles, même lorsqu'elles se succèdent dans les passages d'une même phrase ; elles deviennent tout à fait significatives dès qu'il s'agit d'apprécier l'expression d'un morceau de musique à plusieurs parties, écrites dans des tons différents.

Si le compositeur choisit le *quatrième ton* pour le morceau qui précède immédiatement le finale, il y jette un sentiment d'indécision qui imprime au finale, tantôt une expression de nullité, tantôt une expression de désespoir éternel; tandis que le *cinquième ton*, par son rapport de *désir*, entraîne presque forcément, dans le finale, l'accomplissement des désirs de l'homme qui est le bonheur.

Les deux plus beaux motifs de finale qui existent, celui du concerto de Weber *fa-mineur* et celui de la symphonie de Beethoven *ut-mineur*, sont conçus dans ces conditions.

Rhythme et *tonalité*, *respiration* et *voix*, voilà donc les éléments dont se compose une œuvre d'art en musique. Nous venons de les examiner séparément, il nous reste à les considérer sous le rapport de l'unité.

Au premier abord, l'observation régulière de l'accent sur le temps fort semble naturelle au temps majeur, le calme et la durée étant les premières conditions du bonheur; tandis que la souffrance, dans un état moral *parfait*, ne doit être que passagère, et, partant, sujette au rhythme irrégulier. Cet ordre de choses serait le seul vrai, si les âmes se développaient grandement et régulièrement dans le bien, sans crainte et sans faiblesse. Mais par cela même que ces deux maux existent, l'état du bonheur subit leur influence, et emprunte quelquefois leurs formes et leurs mouvements. En effet, le rhythme irrégulier, dans le ton majeur, mêle l'agitation à la joie. Or, l'agitation ne naît dans le bonheur que parce qu'elle a été précédée par la lutte, et que la crainte de le perdre existe toujours. L'accentuation régulière dans le ton mineur donne à la douleur un cachet de désespoir sans fin et sans remède ; la régularité ne pouvant exister que dans un état devenu durable et normal, c'est-à-dire *éternel*. De là cette expression d'indicible terreur qui se retrouve dans tous les morceaux de musique où la respiration régulière est unie aux accents douloureux du ton mineur.

Les proportions rhythmiques, naissant de la durée des notes et des périodes, changent de signification, selon qu'elles se trouvent alliées à une expression de joie ou de douleur. Ce qui est innocence et résignation en majeur, devient aisément plainte en mineur ; et telle forme qui, en majeur, donne un chant de triomphe de l'amour divin, exprime, en mineur, le sombre enthousiasme de l'orgueil, qui ne reconnaît plus d'autre Dieu que lui-même.

V.

LA SONATE.

Les trois grands maîtres : Haydn, Mozart et Beethoven, nous fourniront des exemples pour appliquer ces règles d'explication. La respiration calme, facile et légère des œuvres de Haydn, marque qu'elles sont des produits du premier effet de l'amour divin, *pureté;* nuance humaine, *amitié*. Quand, par moment, l'émotion y paraît, la respiration n'en devient que plus dégagée, comme si elle était produite par cette dilatation de poitrine que l'on éprouve sous l'influence d'une bonne pensée ou d'un air pur.

Les œuvres de Mozart sont des produits du second effet de l'amour divin, *abnégation ;* nuance humaine : *amour*. L'affection qui y est exprimée a presque constamment la respiration émue du rhythme ternaire. Cette émotion étant unie à une expression de mélancolie, n'est pas celle de l'humilité (nuance divine), mais celle du désir de satisfaction. L'émotion naît dans l'humilité, par la vue de nos misères ; mais elle conduit à la joie par la confiance dans la bonté et la miséricorde de Dieu ; tandis que le désir de satisfaction enfante la tristesse. Ce sentiment, généralement exprimé dans les œuvres de Mozart, n'est pas, on le comprend, sans exceptions. Nous ne citerons que la sonate en *ré majeur,* le n° 4 du second livre, qui exprime la joie d'une affection des plus tendres et des plus pures... Nous en appellerons le finale: « sentiments d'une épousée chrétienne. »

Les œuvres de Beethoven se rapportent au second effet de l'amour de soi-même : *orgueil*, mais orgueil poussé à un tel degré d'exaltation, qu'il prend les proportions du sublime, c'est-à-dire du *sacrifice*. Il nous semble que, parmi les sonates pour le piano, les deux œuvres 57 et 111 nous montrent ce sentiment à son apogée. La première nous représente l'orgueil conduit au désespoir ; la seconde, l'orgueil conduit à la folie.

Le premier *allegro* de l'œuvre 57 se compose d'accès de rage et de désespoir, interrompus par de longues défaillances. Le ton est mineur, la mesure et la respiration combinées. Les motifs, ou plutôt le motif, car il n'y en a en réalité qu'un seul, dont les autres ne sont que des transformations, est construit sur le seul accord parfait qui, étant sans tendance, nous indique une âme peu affectueuse, mais sensible à la grandeur. L'orgueil s'y montre dans quatre phrases différentes : orgueil qui se plaint, orgueil qui brave, orgueil qui tombe en défaillance, orgueil qui entre en délire.

Les phrases de triomphe sont en majeur et accentuées régulièrement; celles de la plainte en mineur, accentuées irrégulièrement, ce qui leur donne un cachet de lâcheté; les accents sont supprimés dans celles de la défaillance, et indiquent ainsi une suspension de respiration ; dans le délire, il y a plus d'accents que de temps forts, et la division inégale des membres de phrase produit une respiration qui semble sortir d'un cœur qui se brise et se déchire.

L'*andante* avec variations, est écrit dans le *sixième ton*, qui se rapporte au quatrième du ton majeur fondamental : expression incertaine. L'accentuation régulière de toutes les deux mesures du thème donne une respiration qui se calme graduellement. La forme de variations indique une âme préoccupée d'une seule idée, qui se présente constamment et sous différents points de vue. L'expression en est douce et mystérieuse, et donne ainsi à penser que cette âme, naguère si violemment remuée, succombe à une de ces léthargies qui suivent les fortes émotions, et que les douces harmonies qui l'enveloppent sont de vagues souvenirs, passant devant elle comme en rêve. Les deux accords dissonnants, qui terminent le morceau, confirment cette opinion. L'un, attaqué *pianissimo*, est le premier mouvement d'une souffrance qui se réveille ; le second, *fortis-*

simo, est une exclamation de douleur, suivie presque immédiatement de cris aigus et répétés, qui forment le commencement du finale, en ton mineur. La mesure de $\frac{2}{4}$, unie au temps d'*allegro*, donne une respiration précipitée. La phrase principale sur laquelle roule tout le finale, commence deux fois et s'interrompt deux fois, comme si la respiration venait de manquer ; après quoi, elle se lance comme un flot impétueux qui entraîne et submerge tout, mais à travers duquel on entend toujours les plaintes et les gémissements d'une âme en travail de perdition. L'éternité de ce désespoir est marquée par l'observation régulière de l'accent sur le temps fort, qui est continuelle, excepté dans le motif, qui forme le second point du morceau, et dont la respiration irrégulière et l'expression plaintive nous montrent l'orgueil pleurant de commisération sur lui-même. Suit le premier motif, avec un redoublement de force, et terminé par une longue défaillance.

Beethoven fait répéter deux fois cet intermède ; c'est une faute : une émotion suprême ne se répète jamais, et précipite la conclusion.

La péroraison est le paroxysme de l'orgueil, décidé à tout braver jusqu'à la fin. Elle est écrite en *presto* à deux temps, divisés en quatre notes d'égale valeur, ce qui exalte la respiration jusqu'aux dernières limites du possible; accentuée régulièrement et suivie du motif principal en *tempo* accéléré, mais accompagné par la main gauche d'un accord *arpeggio*, frappé *forzando* sur le temps faible : c'est la nature qui s'ébranle et s'épouvante à la vue du gouffre qui s'ouvre devant elle. Elle recule, elle veut résister à ce courant d'orgueil ; mais c'est trop tard, la peur ne remplace pas la soumission : la résistance est brisée, le repentir rejeté, et tout s'engloutit dans un long cri de terreur.

Dans ces analyses, nous ne pouvons qu'indiquer les points principaux, et donner la clef de l'explication de la musique instrumentale ; entrer dans tous les détails, mesure par mesure, et phrase par phrase, nous mènerait trop loin. Un jour nous entreprendrons ce travail dans des cours spéciaux et avec le piano sous les doigts, si telle est la volonté de Dieu. Nous ajouterons seulement que l'œuvre 111 de Beethoven, écrite également en ton mineur, et composée de trois parties : *introduction, allegro, thème* avec *finale*, nous dépeint l'orgueil qui ricane, qui menace sourdement, qui brave, qui se plaint, et, finalement, devient fou. Introduction et *allegro : mesure* de force et de pureté ; *respiration*, tantôt *combinée*, tantôt *ternaire*, tantôt *binaire*, habituellement régulière ; *expression :* désespoir ; finale : *mesure, forme, respiration* de folie ; *expression :* incertitude.

Nous avons choisi la *sonate* pour exemple de ces explications, parce que, selon l'avis de tous les musiciens, elle est la forme la plus parfaite de la musique instrumentale (on sait que le concerto et la symphonie reproduisent la même forme), et que, par conséquent, c'est dans elle que nous devons chercher la reproduction de *l'idéal.*

La sonate peut se composer de deux, trois et quatre parties. La sonate à trois parties est la plus parfaite, pouvant seule nous représenter le développement complet et régulier du *sentiment*, depuis sa nuance humaine la plus faible, jusqu'à sa nuance divine et surnaturelle.

Le sentiment, on se le rappelle, peut se trouver dans trois états différents : *douleur*, *incertitude*, *joie*.

Si nous considérons la vie de l'enfant, nous la trouvons partagée entre la *douleur*, causée par les réprimandes et les punitions que lui ont attirées ses petites fautes ; la *crainte* et l'*espérance* naissent de ses réflexions et de ses résolutions de ne plus offenser ceux qui l'aiment ; et enfin, la *joie*, qui revient avec le pardon et le doux espoir de rester toujours dans la voie de la sagesse. Voilà les trois points d'une sonate.

Plus avant dans la vie, qui n'a éprouvé des brisements du cœur et de l'esprit? L'amour du bien et de la justice nous paraît si naturel au début de notre carrière, que nous pensons le trouver établi partout dans les âmes. Mais nous n'allons pas loin sans voir ces belles illusions tomber devant de tristes et de sérieuses réalités. Vient alors l'heure de la réflexion, où l'âme se replie sur elle-même, cherchant à guérir ses blessures et à trouver de nouvelles forces pour pouvoir continuer à vivre. Heure importante dans l'existence humaine, où la vie et la mort, la *crainte* et l'*espérance* s'en disputent la possession. Si l'*espérance* l'emporte, l'âme s'élèvera jusqu'à la prière, et alors elle aura vaincu le monde. Elle entrera dans cette *joie* surnaturelle qui domine toutes les peines de la vie, les portant toutes, comme un léger fardeau, jusqu'aux portes de l'éternité. Voilà encore les trois points d'une sonate : *douleur, méditation, joie.*

Maintenant, si nous jetons un coup d'œil sur l'histoire de tous les peuples, nous trouvons chez tous les traditions d'une chute, l'espoir d'une délivrance, ou, pour nous servir des termes les seuls parfaits, nous trouvons partout, *chute, attente, rédemption.* Toujours les trois points de la sonate : *allegro, adagio, finale.*

Nous posons ici le type *idéal* de la sonate, ce qu'elle *devrait* être, non ce qu'elle est. Des déviations existent et existeront toujours, parce que la vie intérieure de l'homme ne se développe pas, en tout temps, d'une manière régulière et harmonique. Des âmes d'une trempe inférieure, qui sont ou trop faibles pour vaincre la douleur, ou trop légères pour la sentir profondément, donneront lieu à des productions dont le développement suivra une marche contraire ou différente.

La sonate n'embrasse pas non plus forcément une existence tout entière ; souvent elle n'en retrace que des épisodes. (Voir la plupart des sonates de Haydn, de Mozart et beaucoup d'autres.)

La sonate à quatre parties est augmentée d'un morceau à trois temps, le *scherzo,* qui trouve ordinairement sa place entre l'*adagio* et le *finale*. Le mouvement ternaire, en temps vif, indique que le caractère en est plutôt léger que grave. Le rhythme renversé et irrégulier, presque toujours adopté pour cette pièce, lui donne une expression convulsive et nerveuse, qui contraste avec le mouvement gai des trois temps : la méditation, qui précède, ayant été inutile et inefficace, et, par conséquent, n'ayant amené aucun changement stable dans l'état de cette âme, elle se livre à une joie folle et déréglée, qui entraîne dans le finale, soit un désespoir sans remède, soit une de ces stations qui laissent en suspens la conclusion dernière. Ces morceaux peuvent être d'une grande perfection sous le rapport de l'exécution de l'idée qu'ils représentent, mais ils pèchent sous le rapport de l'idée elle-même, dont la beauté, en toute œuvre d'art, constitue le principal mérite.

La beauté de l'idée, en musique, se détermine par la question : Quels doivent être nos sentiments par rapport à nous-mêmes, par rapport à nos semblables, par rapport à Dieu? Nous devons *souffrir* par la vue des misères de ce monde, nous devons *désirer* avec ardeur de les voir disparaître, nous devons nous *réjouir* par le ferme espoir qu'un jour ces désirs seront exaucés, et qu'alors il nous sera donné de contempler face à face *l'idéal*, cette beauté éternelle qui a été le rêve de toutes les âmes vraiment artistes, et qui n'est autre chose que Dieu lui-même... Encore et toujours les trois points de la sonate : *souffrance, — désir, — accomplissement.*

Cette forme : sonate, — concerto, — symphonie, à trois parties, reste donc à jamais la plus parfaite de la musique instrumentale, pouvant seule rendre la beauté de l'idée dans sa plus haute et sa plus complète expression. C'est aussi par elle que la musique s'élève au-dessus des autres arts, et qu'elle acquiert sur eux une supériorité semblable à celle de l'âme sur le corps. De combien d'accessoires matériels n'ont-ils pas besoin, les autres arts, pour dépeindre une existence humaine? Que de représentations, que de descriptions des lieux et des personnes, que de faits secondaires à faire ressortir, afin de préparer l'esprit à recevoir l'impression d'une action principale !

La musique n'a besoin de rien de tout cela ; elle nous place immédiatement au milieu de l'âme elle-même, elle nous initie à ses mouvements les plus mystérieux, et, par un souffle, par une respiration, elle nous fait sentir et comprendre ce qu'aucune langue ne saura jamais expliquer. Aussi est-elle l'image parfaite de la contemplation, où l'esprit s'entretient avec l'esprit, sans intermédiaire, même de la parole.

On comprend tout le parti que l'on pourrait tirer de l'art musical dans l'éducation de la jeunesse. Rien de plus difficile que d'amener les enfants à aimer ce qui est purement spirituel, et à se dégager de ce qui n'impressionne que les sens. De plus, à tout âge, l'entière connaissance de soi-même est la science la plus nécessaire, et, pourtant, elle est la moins possédée de toutes. Une instruction musicale dirigée avec sagesse peut devenir pour l'enfant, sans qu'il s'en doute, une étude approfondie de l'âme humaine, et lui apprendre ainsi à juger et à surveiller les affections de son propre cœur.

Enfin, et c'est là son insigne titre de gloire, la conception de la sonate impose à la musique, comme un rigoureux devoir, d'étudier et de représenter les mouvements du sacré cœur de Jésus... En effet, pour se trouver dans les conditions d'une œuvre parfaite, la sonate doit nous retracer l'*idéal* de la *douleur*, du *désir*, de l'*accomplissement*. Or, il n'y a qu'une douleur sans mélange d'égoïsme : la douleur d'un Dieu chargé de nos iniquités ; il n'y a qu'un désir entièrement pur : le désir d'un Dieu, de mourir pour nous racheter ; il n'y a qu'un triomphe digne de transporter nos cœurs : le triomphe d'un Dieu, sortant du tombeau, vainqueur de l'enfer et de la mort.

Agonie, — *Sacrifice*, — *Résurrection*, voilà en même temps les trois points de la sonate, le but et le résumé de toute la musique instrumentale.

DU MOUVEMENT.

I.

Le mouvement naît de la vie dont il est la manifestation. Le mouvement est *rhythme* ou *mesure*. La mesure est un mouvement imprimé à la matière par une force spirituelle, le rhythme est le mouvement spontané de l'esprit lui-même. La matière étant sans vie et partant sans volonté, subit le mouvement de la mesure tel qu'il lui a été imposé ; quand elle en sort, il y a destruction ou miracle ; tandis que l'esprit, libre et vivant, donne au rhythme toute la mobilité de la liberté et de la vie.

Nous disons que l'esprit est libre, mais il n'est pas sans lois ; seulement il peut à volonté s'y soumettre ou s'y opposer. Plus il s'y soumettra, plus il y aura de grandeur et de pureté dans la symétrie de ses mouvements. Quand il s'y oppose, la symétrie s'altère et devient moins parfaite ; elle reste cependant toujours ; car l'esprit peut se dégrader mais non pas mourir, et la cessation de toute symétrie, c'est-à-dire de tout équilibre, amènerait nécessairement la destruction et la mort.

La vie se manifeste en nous par deux mouvements propres : celui de l'âme et celui du corps, dont l'union forme l'homme complet.

Chacun de ces mouvements a deux manifestations

distinctes : le mouvement intérieur, celle du cœur et celle de l'esprit, dont l'union et l'harmonie forment l'âme complète ; le mouvement extérieur, celle de la respiration et des nerfs, et celle du geste, de la démarche, etc., dont l'union forme l'ensemble des mouvements du corps.

Les deux mouvements intérieurs ont leurs désirs distincts : le cœur désire *aimer*, l'esprit désire *savoir*. Du désir de l'esprit est née la science ; du désir du cœur sont nés les beaux-arts. Comme nous l'avons dit, embellir, c'est aimer ; et les beaux-arts ne sont que l'expression de ce désir d'embellir, produit direct de l'amour.

Le cœur qui aime est naturellement humble, l'esprit qui sait est naturellement superbe. Quand le mouvement de l'esprit se sépare de celui du cœur, le savoir produit l'orgueil ; et quand le cœur agit seul, sans la lumière de l'esprit, l'amour produit la faiblesse.

L'orgueil mène à la révolte qui détruit la pureté des mouvements intérieurs ; la faiblesse mène à l'avilissement qui en détruit la grandeur. Pour que des œuvres dignes et parfaites naissent des désirs de l'âme, il faut l'action combinée des deux mouvements de l'esprit et du cœur. Le cœur fera comprendre à l'esprit qu'il doit s'humilier devant celui qui l'a créé, l'esprit fera comprendre au cœur qu'il ne doit aimer que celui qui l'a racheté. Ce n'est qu'à cette condition que le savant trouvera la lumière, et l'artiste l'*idéal*.

Ne possédant aucunes connaissances scientifiques, nous ne parlerons ici que des beaux-arts, et particulièrement de la musique, laissant à de plus capables le soin d'expliquer par quelles opérations l'esprit produit la science.

Parmi les beaux-arts, deux sont fondamentaux : l'Architecture, dont la peinture et la sculpture forment l'ornementation, et les Belles-Lettres, art de la parole. De leur union est sortie la musique. Nous nous expliquons : l'Architecture ne représentant aucune création de la nature, est nécessairement une expression directe des sentiments de l'âme ; aussi les formes fondamentales de l'architecture, *ligne droite, ligne courbe,* correspondent-elles exactement aux deux caractères fondamentaux du mouvement intérieur, *force, grâce.* Seulement, ayant pour expression la matière, l'architecture en subit les lois, *mesure, immobilité,* et ne peut donner qu'une représentation restreinte et symbolique des mouvements intérieurs. Mais ces représentations, tout incomplètes qu'elles sont, n'en restent pas moins des formes spirituelles, c'est-à-dire des formes *rhythmiques.*

La parole est la description du mouvement intérieur, son expression est le *son* ou la *voix* qui devient tonalité par la variété des inflexions.

La musique se composant des deux éléments, *rhythme* et *tonalité, rhythme* élément spirituel de l'architecture, *tonalité* élément matériel de la parole, elle est donc née de l'union de ces deux arts fondamentaux ayant sur l'une l'avantage de la mobilité et sur l'autre celui d'une expression nuancée à l'infini. L'architecture *représente* le mouvement intérieur, la parole le *décrit,* la musique seule le *donne* directement et tel qu'il s'opère dans le cœur ou dans l'esprit : mobile, libre, vivant, mystérieux.

Dans le culte divin qui est l'expression de l'amour que l'homme doit à Dieu, les arts, tout en occupant chacun sa place distincte, forment un tout lié et indivisible. Ils sont tellement nécessaires pour rendre ce culte complet, qu'il est impossible de ne pas voir que c'est là leur destination et leur fin. En effet, comment honorer convenablement et en tout temps le Seigneur dans le très-saint Sacrement, sans lui bâtir une demeure ? Plus l'homme aimera, plus cette demeure portera l'empreinte de la grandeur et de la bonté de celui qui doit l'habiter. Ce premier acte d'amour accompli, vient le tour de la parole pour distribuer les louanges, la prière, l'instruction. Et enfin, quand tout le peuple réuni n'a plus qu'un cœur pour louer et bénir celui qui nous a tant aimés, alors éclatent les chants, entraînant toute cette multitude d'âmes dans l'harmonie d'un seul mouvement et communiquant une voix et la vie aux pierres mêmes.

Après s'être ainsi unis pour donner à l'homme les moyens de louer Dieu d'une manière moins indigne, les beaux-arts s'offrent à lui séparément pour le délasser, le consoler, le fortifier, en lui parlant sans cesse de cette beauté *idéale*, objet de ses désirs et récompense éternelle de ses travaux.

Quelle profanation et quel crime quand l'homme met au service du mal ce doux secours donné par Dieu pour lui faciliter la pratique du bien ! Certes, nous pouvons nous en servir pour exprimer la douceur des affections humaines, même pour raconter nos doutes, nos faiblesses, nos souffrances ; mais en agissant ainsi, le véritable artiste, celui qui aime le beau suprême qui n'est autre chose que Notre-Seigneur Jésus-Christ, le cherchera toujours et n'aura de repos que quand il l'aura trouvé pour lui-même et fait désirer aux autres.

L'architecture doit nous parler de l'adoration due à Dieu, de l'obéissance au souverain, de la modestie et de l'humilité qui doivent naître du juste mépris de nous-mêmes. Nous faisons dévier l'architecture et nous la profanons quand nous mettons plus de soin à construire et orner la maison du simple particulier que celle de Dieu et du roi; c'est un acte d'orgueil, une insulte permanente au Créateur.

Les profanations de la parole sont plus coupables encore, parce qu'elles sont toujours consenties, la parole donnant en même temps le sentiment et son explication précise. Dieu nous a envoyé son Verbe, sa Parole pour nous instruire et nous racheter; l'homme qui ne devrait se servir de la sienne que pour louer et rendre grâces, ne s'en sert que trop souvent pour blasphémer ce divin Sauveur même. Il ne se contente plus de céder aux mauvais mouvements de son cœur, il les explique, il les glorifie, il *prouve* qu'ils sont tous bons et légitimes, et entreprend ainsi une lutte corps à corps avec Dieu même.

La musique doit nous présenter des modèles de mouvements intérieurs grands, purs, élevés. De même que nous prenons insensiblement les manières des personnes qui nous entourent, de même notre cœur et notre esprit prennent, sans s'en rendre compte, l'empreinte des mouvements et des rhythmes qui leur sont le plus habituellement présentés. Dès lors, combien ne devons-nous pas traiter avec respect un art qui agit ainsi directement sur ce qu'il y a de plus intime dans notre âme? L'architecture et la parole passent par l'esprit pour venir au cœur; avec elles il faut comprendre avant d'aimer; la musique, au contraire, entre sans intermédiaire au plus profond du cœur même, lui communiquant des mouvements vils ou purs, bas ou sublimes.

Si tous les artistes sont dans l'obligation de prier pour faire des œuvres dignes, l'artiste musicien doit s'élever de la prière à la méditation et à la contemplation. S'il cherche le bruit du dehors, sa musique ne sera elle-même qu'un bruit qui disparaîtra avec lui et même avant lui. Ce n'est que dans la vie intérieure, en face des splendeurs surnaturelles, qu'il trouvera des mouvements vraiment *idéals*. On peut imiter une forme extérieure, développer et appliquer l'idée d'un autre, vous ne donnerez jamais le mouvement du cœur si vous ne le portez en vous-même.

La musique est donc bien l'élément spirituel par excellence des beaux-arts, née de l'union de l'architecture et de la parole, pour donner à l'homme une forme d'adoration parfaite dans une image parfaite de l'adorable Trinité.

En effet : Architecture, — *Création, force, justice;* — Parole, — *Rédemption, grâce, miséricorde;* — Musique, — *Sanctification, tempérance, amour;* caractères des manifestations des trois adorables personnes de la très-sainte Trinité.

II.

Le mouvement se manifeste par une succession de *durées*. Quand il y a uniformité de durées, le mouvement est *mesure*, la variété de durées produit le *rhythme*. L'existence du rhythme révèle l'action directe de la vie. Le caractère de la vie étant de se communiquer, dès lors il lui faut une *expression* : l'expression *spirituelle* du rhythme est l'accent. Ce sont les deux éléments *durée* (essence), *accent* (expression) qui produisent le mouvement ou rhythme musical, de même qu'ils produisent la forme du sentiment ou mouvement intérieur.

L'illustre maître (M. Fétis père), qui a défini le rhythme musical : La symétrie du *mouvement*, de la durée et de l'accent, ne s'est pas rendu compte que ce que nous appelons *mouvement* ou *tempo*, en musique, n'est pas une chose *réelle*, mais une fiction qui nous permet de limiter les signes qui représentent la durée : car, en réalité, la *noire* d'un *allegro* ne donne pas une durée égale à celle d'une *noire* d'un *adagio*, mais les nuances de vitesse pouvant se multiplier à l'infini, il a fallu trouver le moyen d'indiquer cette infinité de nuances autrement que par une infinité de signes, ce qui aurait été impossible. Les indications dites de *mouvement*, d'*allegro*, d'*allegretto*, d'*adagio*, etc., permettent de donner toutes les durées possibles sans sortir d'un nombre limité de signes. Nous dirons, en passant, que ces indications nous paraissent infiniment préférables à celles du métronome, parce qu'elles donnent en même temps une indication de caractère et de physionomie, tandis que le métronome ne donnant que la durée matérielle, mesure le mouvement intérieur comme il mesurerait la vitesse d'une locomotive. Il tue la phrase dans la tête de l'exécutant, à moins que cet exécutant ne soit un artiste, et alors il ne suivra pas le métronome.

C'est donc la symétrie de la *durée* et de *l'accent* qui produit le *mouvement* ou rhythme musical.

Les beaux-arts étant nés de l'amour du cœur, doivent tout rapporter à l'amour du cœur. Ils doivent *aimer*, non pas *raisonner*, encore moins descendre au service des sens. Aussi la musique ne peut-elle sortir des mouvements du cœur sans déroger plus ou moins à sa beauté et à son caractère.

Le cœur qui aime abonde en mouvements généreux qui tous ont leur source dans l'amour du sacrifice, dernier terme de perfection du sentiment.

L'esprit qui *prouve* ne peut et ne doit rien sacrifier ; il faut, au contraire, qu'il sacrifie tout à lui-même, identifié avec la justesse de sa thèse ; dès lors ses mouvements seront raides et calculés, *vrais*, non pas *beaux*. Quand la musique reproduit les mouvements de l'esprit, on s'en aperçoit par la raideur et la pauvreté des rhythmes. Alors, pour cacher cette pauvreté, il lui faut toutes les ressources et tous les abus de l'expression : des modulations étranges, des effets de sonorité, des résolutions inattendues, de nouveaux timbres, que sais-je ! et avec tout cela, elle ne produit rien qui égale le plus simple mouvement sorti du cœur.

Si Mozart est resté le maître des maîtres, c'est précisément parce qu'il nous donne toute l'abondance des mouvements du cœur, toujours exalté par le besoin de sacrifice, toujours contenu par l'humilité, mais toujours souffrant, hélas ! parce que ses affections ne sont pas uniquement au ciel.

Le Seigneur Jésus nous apprend lui-même les caractères des mouvements du cœur : *Apprenez de moi que je suis doux et humble de cœur*. La douceur et l'humilité enfantent le sacrifice. La douceur supporte tout sans se plaindre, l'humilité se met constamment au-dessous de tous, et c'est là la vie du sacrifice. Si l'amour de Dieu est parfait dans un cœur, le sacrifice sera accompagné de joie. Quand il y a tristesse, c'est que le cœur aime quelque chose de créé ; mais il se sacrifiera toujours pour la créature aimée, car le cœur peut s'égarer dans ses affections, jamais perdre son caractère d'abnégation de lui-même. L'égoïsme est enfant de l'esprit et des sens ; dès qu'il s'établit dans une âme, le cœur cesse de vivre. (Il me semble que la preuve de cette assertion se trouve dans l'existence des trois personnes de la très-sainte Trinité : si l'amour pouvait s'aimer lui-même, il n'y aurait eu qu'une seule personne en Dieu.)

La douceur et l'humilité n'excluent point la force ; au contraire, la vraie force est fondée sur elles. Il faut plus de force pour se contenir que pour se laisser aller, plus de force pour se résigner que pour désespérer. Sous ce rapport, les compositeurs modernes sont tombés, ce nous semble, dans une profonde erreur. Ils paraissent croire que le bruit, le désespoir, les convulsions sont une marque de force et de vigueur morales ; c'est, au contraire, une marque d'orgueil et de faiblesse. L'âme faible et orgueilleuse lutte avec emportement et violence, et la fin de ses combats s'appelle désespoir ; tandis que l'âme forte, celle qui est douce et humble de cœur, lutte par la patience et la résignation, desquelles naîtra le mouvement sublime au moment de la victoire.

En musique, le mouvement du cœur se reconnaît par l'abondance et *l'arrondi* des idées mélodiques, unis à une expression sobre et contenue ; car le propre de l'humilité étant de se cacher et de s'abaisser, l'amour du cœur aura toujours le mouvement plus fort que son expression. L'expression n'égale le mouvement que lorsque le cœur est tellement fondu en Dieu qu'il n'exprime plus rien d'humain, mais uniquement la force et l'amour de Dieu même. C'est là le mouvement *idéal* qui ne se trouve que dans le sacré cœur de Jésus. Nous le répétons donc encore, l'artiste qui aime son art, qui désire l'ennoblir et l'élever à une condition plus digne que celle d'amuser des oisifs, devra chercher ses inspirations dans la méditation des choses divines, et plus spécialement dans la contemplation du cœur adorable du Rédempteur. On se plaint de ce que la source de l'inspiration semble tarie, on se creuse la tête pour trouver du nouveau, et l'on ne comprend pas que le nouveau ne peut naître que de la variété infinie des mouvements intérieurs. Vous faites mourir le mouvement intérieur en vous, parce que vous lui refusez sa nourriture, qui est les sacrements de l'Eglise ; et ensuite vous vous étonnez qu'ayant de l'esprit, de l'instruction, du génie même, vous demeurez cependant incapables de rien créer de grand, de vivant, de durable. Allez d'abord guérir vos âmes malades auprès de ces médecins des âmes que Dieu a institués pour vous ; laissez à leurs pieds vos souillures, et vous trouverez le *nouveau* dans les mouvements d'amour et de reconnaissance de vos cœurs ravis en Dieu.

III.

Quand le cœur et l'esprit sont unis dans un seul et même mouvement, l'esprit est le gardien et la lumière du cœur. Mais cette lumière tire sa substance des affections du cœur. Si l'esprit se sépare du cœur, voulant être lui-même et sa substance et sa lumière, aussitôt ses clartés s'éteignent, il tombe dans les ténèbres de l'orgueil.

L'esprit ainsi obscurci subit trois phases ou états différents : le faux martyre, la fausse charité, la fausse sensibilité née de l'union des deux.

Le faux martyre est emporté, la fausse charité est modérée, la fausse sensibilité est pleureuse. Le faux martyre s'admire avec exaltation, la fausse charité avec sérénité, la fausse sensibilité avec attendrissement. Tous les trois se posent en victimes. Le faux martyre se trouve victime de la société, la fausse charité victime de l'intolérance des individualités, la fausse sensibilité est victime du cœur.

Le mouvement nerveux est celui du faux martyre, le mouvement sec de l'esprit sans cœur celui de la fausse charité, la fausse sensibilité a les mouvements matériels et extérieurs.

Le faux martyre trouve que Dieu ne gouverne pas bien le monde par son Église ; il l'abolit. Mais comme il comprend en même temps qu'il n'y a que les *natures d'élite*, telles que lui, qui peuvent se passer de tout gouvernement, il a la générosité de se mettre à la place de Dieu et de l'Église. Il se proclame Christ et martyre. Le faux martyre produit le fanatisme, la révolte, les hérésies.

La fausse charité est tolérante. Elle tolère tout, même le bon Dieu, sous condition toutefois qu'il ne se mêle de rien et surtout qu'il ferme les portes de l'enfer. Fi donc, un Dieu qui damne !... Pour une époque aussi policée que la nôtre, il faut un Dieu plus doux et plus éclairé. La fausse charité produit l'hérétique doucereux et ami de *la nature*, l'écrivain modéré, le savant plein de respect pour la matière, l'artiste correct et ennuyeux, et toute cette génération d'êtres qui vivent dans une tranquille admiration d'eux-mêmes, pratiquant toutes sortes de vertus et mourant paisiblement comme des saints dans une parfaite confiance en la niaiserie de Dieu.

La principale création de la fausse sensibilité est le poëte rêveur et incompris : poëte littérateur, poëte musicien, poëte de toute espèce, depuis le bas bleu jusqu'à la crinière. Toute cette cohue déteste également le rhythme et la mesure. Elle rêve un monde idéal qui se tiendrait debout sans équilibre. Ses œuvres ne sont ni le chaos, ni le désordre, c'est un gâchis délayé de boue et d'eau de rose et formant une collection de cadavres mouvants qui n'auront pas besoin du tombeau pour entrer en dissolution et en pourriture.

Avant d'aller plus loin, nous croyons nécessaire d'établir une distinction entre l'homme privé et l'artiste. Par une contradiction ou plutôt par une illusion extraordinaire, il se trouve des artistes dont toute la vie semble n'être qu'une protestation permanente contre leurs œuvres. C'est qu'ils font de l'art pour l'art. Ils regardent le *beau* comme une chose existant à part sans lien avec le *vrai* et le *bien;* tandis que c'est de leur union qu'il doit sortir. L'art pour l'art veut dire une chose en dehors de Dieu comme en dehors du diable, ce qui n'empêche toujours pas le diable d'en tirer son profit. Cette sorte de personnes succombe à une ruse de notre pauvre nature humaine, qui ne renonce pas facilement à toute admiration d'elle-même. Nous nous croyons en sûreté quand elle nous laisse la foi; nous ne nous apercevons pas toujours qu'elle nous ôte la charité. L'orgueil peut exister avec la foi, la charité le fait mourir. Celui qui aime s'anéantit devant son bien-aimé; il ne veut qu'un mobile pour toutes ses actions grandes ou petites. Il donne toutes les pensées de son esprit, tous les mouvements de son cœur. Ceux qui ne font que *croire* se persuadent aisément que Dieu ne leur demande que l'ensemble général de leur vie, les laissant libres de disposer comme ils l'entendent de tous ces petits détails intérieurs qui forment la vie intime de notre être. Ils reconnaissent Dieu pour leur maître, ils ne le veulent pas pour époux de leurs âmes. Ainsi trompés par la mauvaise nature, ils se sont créé un terrain neutre dans le *beau* où ils peuvent se cacher de

Dieu et vivre pour leur propre gloire en cherchant à se persuader à eux-mêmes et aux autres que Dieu ne s'occupe que de *l'utile* et qu'il leur laisse le gouvernement du *beau*.

Que l'on ne s'y trompe pas, le *beau* n'est pas *l'utile*, mais le beau doit être utile. Il n'est pas l'utile *matériel*, il doit être l'utile *spirituel*. La science et l'industrie s'occupent des intérêts du temps ; l'art, le *beau* doit s'occuper des intérêts de l'éternité. Quand il y manque, il est tout aussi stupide que le serait une industrie appliquée à ne produire que des choses en dehors de tout usage.

L'utile n'est utile que tant qu'il empêche le corps de devenir malade ou qu'il l'aide à retrouver la santé. Le *beau* aussi n'est *beau* qu'à condition qu'il aide à entretenir la santé de l'âme ou qu'il la dispose à la recouvrer quand elle a eu le malheur de la perdre. Donc, tout artiste qui ne travaille pas avec une intention *directe* de glorifier Dieu fait de mauvaises œuvres, quelque pure et quelque irréprochable que soit sa vie.

En jugeant et en condamnant une œuvre d'art, nous n'entendons donc nullement juger l'artiste, qui le plus souvent n'est pas méchant, mais simplement dupe.

Si dans les arts en général on peut distinguer l'homme de l'artiste, à plus forte raison cette distinction peut-elle être faite pour l'artiste musicien qui reproduit les mouvements de l'âme les plus secrets et les plus subtils. Qui s'est jamais mis en peine d'étudier les caractères du mouvement ? Les musiciens y pensent si peu, que les hommes les plus versés dans cet art en sont encore à définir la musique un art composé d'*un seul élément*, qui est le *son*, c'est-à-dire une *expression* sans *essence*. Tout ce qui tient au rhythme en musique n'a donc pu être que l'effet d'un pur instinct en dehors de tout examen et de toute raison, mais par cela même plus fortement empreint des infirmités de l'âme humaine.

En cherchant à reconnaître les caractères des différents mouvements dans les productions musicales, nous choisirons de préférence nos exemples dans les compositions les plus usitées pour l'étude du piano, parce que, de cette manière, nous serons plus facilement compris par tout le monde. C'est aussi la sonate qui nous amènera tout naturellement à la symphonie, expression la plus grandiose de la musique instrumentale.

IV.

Il paraît qu'il est très-difficile de bien aimer, puisque les mouvements de l'esprit ont fourni une beaucoup plus large part à la musique que ceux du cœur. Nous retrouvons dans la plupart des œuvres musicales les caractères des trois mouvements de l'orgueil : faux martyre, fausse charité, fausse sensibilité.

Le faux martyre étant possédé d'un désir démesuré de paraître et de produire de grands effets, il ne se contentera pas du seul mouvement intérieur, il y joindra le mouvement extérieur. Seulement, ayant l'instinct des sentiments grands et élevés, il ne s'abaissera jamais à reproduire des rhythmes grossiers ou entièrement matériels ; il s'arrêtera aux mouvements demi-spirituels de la respiration et des nerfs. La respiration rhythmique et tout *idéale* sera habituellement remplacée par la respiration *naturelle*, plus *expressive* et plus propre à produire de fortes émotions. Au lieu de l'abondance, de la douceur, de la souplesse des mouvements du cœur, nous trouverons la forme mesurée et inflexible des mouvements et de l'obstination de l'esprit, jointe à une véhémence d'expression allant jusqu'au râlement et au cri. Emportement, violence, exaltation poussée au degré d'emprunter le mouvement sublime de l'enthousiasme pour exprimer des désirs purement égoïstes et individuels, voilà les caractères du faux martyre que nous retrouvons dans presque toutes les œuvres de Beethoven.

Les sonates pour piano œuvres 31, *sol majeur*, 27, *ut dièze mineur*, 57, *fa mineur*, 111, *ut mineur*, 2, *fa mineur*, résument, ce nous semble, en quelque sorte les principales phases par lesquelles passe l'esprit sous l'influence suprême de l'orgueil.

Le premier *allegro* de l'œuvre 31 nous retrace les mouvements de présomption et de bravade d'un esprit qui n'a pas encore assez vécu pour connaître aucune résistance à ses désirs. C'est un débordement de force et de vie plein de confiance en la toute-puissance de sa volonté.

L'*adagio*, gracieux et ornementé, est prétentieux comme une femme belle et coquette, à part une seule phrase qui est là semblable à un abîme voilé de fleurs. Le *finale* est le développement du caractère de l'*allegro* avec quelque expérience de douleur, mais qui paraît n'avoir servi qu'à donner encore plus d'exaltation à cette impérieuse et fière volonté qui se croit indomptable.

L'œuvre 27 est un grand cri, sorti d'un cœur brisé et froissé, exprimé avec toutes les véhémences d'un esprit plein d'orgueil.

Nous avons expliqué d'autre part les deux sonates 57 et 111 ; l'une est le désespoir à l'état de crise de nerfs, l'autre le désespoir à l'état de folie.

L'allegro, l'adagio, le scherzo de l'œuvre 2 n'offrent rien de marquant. C'est le *finale* qui a un caractère à part. Il nous retrace la résignation dans le désespoir, dernier terme d'offense de l'âme contre Dieu. Le désespoir furieux craint la justice de Dieu et ne sait plus ce qu'il fait ; le désespoir résigné renie et renonce à sa miséricorde.

Nous ne pouvons passer sous silence la neuvième symphonie avec chœurs, qui nous semble être une image saisissante de l'état d'une âme qui a toujours *voulu*, jamais *prié*. Toute la partie instrumentale est une espèce de revue spirituelle que passe cette âme de toutes ses volontés et de toutes ses espérances. On dirait qu'elle se demande ce qu'il lui reste à trouver encore de formes d'orgueil, après avoir épuisé toutes les vanités, les présomptions, les révoltes, les fureurs, la folie et jusqu'à la résignation. Pourtant il faut qu'elle en trouve encore... Elle prend une phrase instrumentale d'une expression grande et noble ; elle la dégrade degré par degré, la faisant passer dans les voix d'une manière de moins en moins distinguée, jusqu'à en faire une espèce de chanson à boire. Victoire ! la nouvelle forme d'orgueil est trouvée... c'est le désespoir qui s'enivre au cabaret...

Tout le monde sait que Beethoven est mort en chrétien. Il avait la foi, il n'avait pas l'amour, au moins pas un amour assez grand, assez souverain pour alimenter les aspirations sublimes de ses facultés artistiques. Il a vu l'art en dehors de la direction immédiate de Dieu, et c'est pour cela qu'il n'a pas trouvé *l'idéal.*

La fausse charité, voulant paraître plus douce que la charité même, s'attache nécessairement à imiter les mouvements du cœur. Elle est calme, sobre, comme il faut, mais sans grâce, sans élan, sans enthousiasme. Étant pauvre de mouvement, elle n'a rien à combattre ni à contenir : aussi son expression est-elle savante et *calculée*, non pas *contenue* par abnégation. Son origine de l'orgueil se reconnaît encore dans le choix de la forme de ses productions : elle revêt souvent une pensée tout ordinaire d'une forme solennelle et grandiose. — Clementi, Cramer, Hummel, Kalkbrenner, Moscheles, Field, Mendelssohn, etc., etc., peuvent être rangés dans cette catégorie. Presque tous ces compositeurs, par leur genre de talent calme et convenable, uni à une parfaite connaissance de leur instrument, auraient pu rendre de très-grands services à l'enseignement, si une humble connaissance d'eux-mêmes et de la véritable mesure de leurs facultés leur avait permis de trouver la place qui leur convenait.

Clementi, dans ses 6 *sonatines*, œuvre 36, et Cramer, dans ses *Exercices* pour le piano, ont montré une merveilleuse aptitude pour l'enseignement. Pourquoi faut-il qu'ils aient composé de grands ouvrages savants et ennuyeux à l'usage des artistes ? Leur place était marquée à l'enseignement; c'est là qu'ils se seraient acquis une gloire vraie et durable.

Qui s'occupe beaucoup aujourd'hui de Hummel, de Kalkbrenner, de Moscheles? La plupart de leurs œuvres étant de la même facture que celles de Haydn, de Mozart, de Beethoven, elles disparaissent nécessairement devant la comparaison.

Nous avons mis Field et Mendelssohn dans la catégorie de la fausse charité, quoiqu'ils n'y appartiennent qu'à demi.

Field possède une sensibilité douce, aimable, gracieuse presque sans tendresse et sans enthousiasme, il est vrai, mais par cela même plus propre à concevoir des ouvrages destinés à la jeunesse. Malheureusement il a voulu aussi faire de grandes œuvres, des concertos, contenant à la vérité de fort belles idées, mais manquant de cette vigueur de conception, première condition pour remplir un cadre étendu.

Mendelssohn est une *imitation* et du faux martyre et de la fausse et de la vraie charité. Ses compositions se souviennent tantôt de Beethoven, tantôt de Hummel, tantôt de Weber, tantôt de tout le monde, et malgré cela, elles ont gardé un certain cachet particulier : c'est une *forme* qui cherche sa *substance*.

Mendelssohn possède un très-grand savoir, mais sa pensée est indécise, tellement indécise, qu'il ne la soutient pas sans hésitation, même dans l'espace d'une romance. Cette indécision ôte l'unité intérieure et donne du décousu à ses œuvres. Exemple : son grand concerto *sol mineur*, dont les passages d'un bout à l'autre ont l'air de ne pas savoir ce qu'ils sont venus faire. Mendelssohn paraît avoir besoin d'appuyer sa pensée sur quelque chose de *saisissable;* ses idées, qui se troublent en face de l'infini, s'affermissent dès qu'il les met en présence d'une donnée limitée quelconque. Aussi ses oratorios et ses ouvertures ont-ils infiniment plus de valeur que ses compositions pour le piano.

Tous ces artistes auraient pu faire des œuvres belles et vivantes, s'ils avaient travaillé avec une intention directe de glorifier Dieu, c'est-à-dire d'être utiles à l'âme. La prière ne donne pas de génie là où il n'y en a pas, mais elle éclaire l'esprit, lui montre la juste mesure de ses forces, et nous permet ainsi de trouver cette parfaite harmonie de forme et de pensée, sans laquelle toute production d'art tombe dans le néant de l'inutilité.

La fausse sensibilité a inventé la *fantaisie*, qui a été proclamée *haute nouveauté*. Quand elle a commencé à s'user et passer de mode, comme tout ce qui est étoffe de *fantaisie*, il a fallu songer à trouver autre chose. Ne se sentant de mouvement ni dans le cœur, ni dans l'esprit, la fausse sensibilité s'est tournée vers les mouvements purement extérieurs. A côté des sanglots et des soupirs, des polkas, des mazurkas, des redowas de *salon*, nous avons des imitations de la nature et même de l'industrie, des mouvements de cascades, d'orages, de moulins, de perles qui roulent, d'oiseaux qui volent, et jusqu'au mouvement du *chemin de fer*. Quand l'art en est arrivé là, toute critique devient superflue, les faits seuls parlent.

Nous prions ceux qui pensent que l'art peut se passer de l'Église, d'étudier la marche de la musique, depuis

Palestrina jusqu'à nos jours, et il nous semble qu'ils n'auraient pas besoin d'autres prédications pour se décider à chercher l'inspiration là où est sa source.

Le Seigneur a dit que l'Église est le sel de la terre ; qui peut nier que la musique moderne ne soit à l'état d'un aliment où manque tout élément de conservation et de goût ? C'est un corps non-seulement mort, mais en dissolution. Que l'on se tourne donc vers celui qui a le pouvoir de ressusciter les morts.

V.

Beethoven, par la neuvième symphonie, ayant fait déroger cette forme de musique instrumentale en la sortant du domaine purement spirituel, a trouvé des imitateurs dans les compositeurs modernes.

Les deux principaux représentants de la symphonie en France sont MM. Félicien David et Hector Berlioz. M. F. David a débuté par le *Désert*, qui a été déclaré un chef-d'œuvre. C'est que, tout en étant très-loin d'être un chef-d'œuvre, le *Désert* renferme des éléments *vivants*. Dans un temps où l'on ne voit guère que des œuvres mortes, ces étincelles de vie ont allumé l'enthousiasme. C'était comme une promesse de délivrance : on n'aime pas se promener en tout temps parmi des cadavres. M. David n'a pas tenu cette promesse ; au lieu d'être une espérance, le *Désert* était une *apogée*, la décadence l'a suivie de près. On ne peut considérer sans une profonde tristesse la vie d'artiste de M. David, si pleine de riantes espérances et d'amères déceptions. Ayant plus de délicatesse que de vigueur, plus de douceur que de force, M. David n'est pas fait pour la lutte. Son talent a besoin de chaleur et de lumière, mais étant trop indolent pour essayer de s'en procurer, il a mieux aimé céder à la défaillance et se laisser mourir ; c'est une lampe qui, après avoir brillé un instant d'un vif éclat, s'éteint graduellement faute d'huile.

Si M. Berlioz était né à la place de Beethoven, il aurait *peut-être* fait les œuvres de Beethoven. Étant venu au moment où tout était épuisé, rhythmes et tonalités, il aurait fallu que M. Berlioz ouvrît un champ nouveau à l'art. Il semble l'avoir senti lui-même, puisque toutes ses productions ne sont que des recherches du nouveau. L'a-t-il trouvé ? Nous ne le pensons pas ; il a fait des *nouveautés,* point de *nouveau.*

Le bon Dieu a dit qu'il ne faut pas mettre une pièce de drap neuf sur un vieux vêtement, ni du vin nouveau dans de vieux tonneaux, car la pièce neuve emportera le vieux vêtement, et le vin nouveau fera éclater les vieux tonneaux. C'est ce qui est arrivé à M. Berlioz. Ayant voulu mettre de nouvelles combinaisons dans une vieille tonalité, il a fait éclater la tonalité et n'est arrivé qu'au bruit. C'est que M. Berlioz a *cherché* le nouveau, il n'a pas attendu qu'il vînt à lui sous une influence spirituelle et surnaturelle. Le *mouvement* est la forme du sentiment ; si vous n'avez pas d'abord le sentiment, vous en chercherez en vain la forme. De même que le *mouvement* est la *forme* du sentiment, la *tonalité* en est l'*expression*. Le premier élément pour faire de la musique est donc un sentiment bien clair, bien *convaincu*. Si votre sentiment est entièrement *surnaturel*, vous trouverez le mouvement et l'expression *idéals*. Mozart a produit des formes bien plus idéales que celles de Beethoven, parce que sa foi était plus forte, ses convictions plus claires. Il n'a usé que très-sobrement de cette tonalité moderne, si loin de tout véritable sentiment religieux. Beethoven est moins clair, parce qu'il était déjà à la *recherche*, et trouvant précisément dans la tonalité moderne l'expression des désirs inquiets qui le dévoraient, il l'a usée jusqu'à la corde. Qui a fait du *nouveau* après lui? Personne. Les artistes ne croient plus avec force, n'aiment plus avec sacrifice.

Tous les adorables mouvements du cœur de Jésus ont eu leur source dans l'amour du sacrifice. Ce sentiment a dû avoir son apogée au jardin des Olives, où le Seigneur, chargé de nos iniquités, s'est senti pour son Père céleste un objet de haine et d'horreur. C'est aussi là que le courage lui a manqué, jusqu'à le faire tomber en agonie..... Néanmoins, mon Père, non pas ce que je veux, mais ce que vous voulez... C'était le dernier et divin terme du sacrifice.

Nous pensons que le *nouveau*, en musique, sera enfanté le jour où un artiste de génie entrera au jardin des Olives, non pas pour assister simplement à l'agonie du Seigneur, mais pour tomber en agonie lui-même, en offrant à Dieu, fibre par fibre, un cœur plein d'ardents désirs, mais prêt à se donner en holocauste pleinement et entièrement. Alors le rhythme *idéal* naîtra de ces paroles : Seigneur, si c'est possible, que ce calice s'éloigne de moi ; mais non pas ce que je veux, mais ce que vous voulez.

LA TONALITÉ.

I.

Quand l'esprit parle à l'esprit sans l'intermédiaire d'un corps matériel, son expression est l'*accent*. C'est l'accent qui marque et le caractère du mouvement intérieur et l'état où il se trouve. Quand l'esprit parle à l'esprit sous l'enveloppe d'un corps, son expression est le *son*. Le mouvement intérieur pouvant varier de *caractère* et *d'intention*, les éléments qui constituent le son doivent correspondre à ces deux faits fondamentaux. Si nous examinons ces éléments nous trouvons qu'ils sont deux : *intensité, timbre*, dont l'union forme l'*inflexion* ou le *son expressif* d'un être vivant.

L'âme humaine a deux manifestations distinctes : l'esprit et le cœur. L'*inflexion* a également deux manifestations : *parole*, *musique;* parole, expression plus particulière de l'esprit ; musique, expression du cœur. L'expression de l'esprit est limitée, celle du cœur est mystérieuse et infinie comme l'amour qui l'a engendrée.

Si la chute de l'homme n'avait pas défiguré son âme et altéré en elle l'image du Créateur, l'expression du mouvement intérieur eût été en tout temps et naturellement *belle*. Mais le mouvement étant déchu, l'expression a dû l'être également. L'homme ne peut plus s'élever au *beau* que par un travail de réparation. Dieu lui-même est descendu sur la terre pour réparer et relever le mouvement intérieur, il a laissé à l'homme le soin d'*idéaliser* l'expression. C'est ce travail qui a produit les beaux-arts. Sortant ainsi du mouvement intérieur, lavé et purifié dans le sang d'un Dieu, les arts ne peuvent plus se séparer du culte et des sentiments de religion sans tomber aussitôt en dissolution et en décadence.

Aussi voyons-nous toujours les beaux-arts naître du sentiment religieux, c'est-à-dire de ce besoin de chercher une perfection au-dessus de la perfection naturelle. Seulement, avant la venue du Christ, quand les peuples plongés dans l'erreur ne gardaient plus qu'une vague tradition de la promesse de régénération, toute leur activité artistique se portait vers la reproduction des mouvements de l'esprit et des sens.

L'architecture, par exemple, avec son complément, la statuaire, et l'art de la parole, n'ont été portés chez certains peuples à un si haut degré de perfection que parce qu'ils étaient mis au service des dieux. La statuaire formait les images des dieux dans des corps *idéalisés*, l'architecture leur bâtissait des temples, la parole exaltait leurs exploits ; la musique seule restait *barbare*, l'amour ne pouvant naître dans le cœur que par le sacrifice de la croix.

Les beaux-arts sont donc l'*expression* des mouvements d'une âme vivant de la vie surnaturelle ou *désirant* d'en vivre, toute tentative *de faire du beau* étant un aveu volontaire ou involontaire de l'insuffisance de la nature pour satisfaire pleinement notre cœur et notre esprit. Cette expression sort spontanément de l'intérieur, mais pour constituer un art il faut qu'elle passe par le travail de l'intelligence qui observe, règle et discipline les faits produits par le mouvement. Ce sont ces règles et cette discipline qui mesurent la matière pour l'architecture et qui dirigent les *inflexions* dans la parole et la musique. En musique, l'ensemble des inflexions artistiques est appelé *tonalité*.

II.

M. Fétis père, dans son excellent *Traité de l'Harmonie*, consacre un chapitre à l'histoire des principales tonalités. En montrant comment chaque tonalité reproduit le type de caractère du peuple chez lequel elle est éclose, le savant auteur en tire une preuve convaincante contre l'opinion matérialiste qui prétend que la tonalité nous est imposée par la nature. On est étonné, quand on a vu M. Fétis si bien prouver l'origine métaphysique et spirituelle de la musique, de le voir ensuite tirer ses conclusions à côté d'un principe aussi nettement posé. Voici ces conclusions :

« La nature ne fournit pour éléments de la musique qu'une multitude de sons qui diffèrent entre eux d'intonation, de durée et d'intensité par des nuances ou plus grandes ou plus petites. Parmi ces sons, ceux dont les différences sont assez sensibles pour affecter l'organe de l'ouïe d'une manière déterminée deviennent l'objet de notre attention ; l'idée des rapports qui existent entre eux s'éveille dans l'intelligence et sous l'action de la sensibilité d'une part, et de la volonté de l'autre ; l'esprit les coordonne en séries différentes dont chacune correspond à un ordre particulier d'émotions, de sentiments, d'idées.

« Ces séries deviennent donc des types de tonalités et de *rhythmes* qui ont des conséquences nécessaires, sous l'influence desquelles l'imagination entre en exercice pour la création du *beau.* »

Selon M. Fétis, la conception musicale, au lieu d'être un produit direct du sentiment influencé par un principe spirituel, serait donc le fruit de certains faits présentés à l'imagination par l'esprit qui, les ayant observés et choisis dans le monde extérieur, en aurait arrangé une expression toute faite pour un mouvement encore à naître. Evidemment, il y a ici une confusion de principes. Cette confusion vient de ce que M. Fétis ne reconnaissant à la musique qu'un seul élément, le *son*, il fait nécessairement tout découler de cet élément, le rhythme et le reste. Nous croyons avoir clairement établi dans tout ce qui précède, que la musique se compose de deux éléments, *rhythme* et *tonalité*, l'un l'âme, l'autre le corps, l'un *substance*, l'autre *expression*. Or, la substance n'est pas engendrée par l'expression, mais bien l'expression par la substance. Le rhythme ne peut donc pas naître de la tonalité, expression matérielle ; c'est au contraire la tonalité qui naît du rhythme, substance spirituelle.

Un fait matériel se présentant à l'esprit peut donner lieu à une invention de l'esprit dans le domaine de la matière, mais jamais un assemblage de faits extérieurs présentés au sentiment ne donnera naissance à une production spirituelle et sentimentale.

Dans les conceptions artistiques, l'intelligence présente à l'imagination, l'imagination au cœur, ce qui doit faire le *sujet* de ses affections ; mais ce sujet doit être tout intérieur : le cœur ne produisant que par amour, et son amour ne s'enflammant que pour une substance vivante et semblable à lui-même. L'oreille aime le *son*, le cœur aime le *rhythme ;* pour que le cœur se féconde, il faut le contact du rhythme, élément spirituel et vivant, et non pas du *son*, élément inerte et matériel.

Si à peu près toutes les productions de la musique d'aujourd'hui sont ou bâtardes ou mort-nées, c'est précisément parce que les artistes ne savent plus ces vérités fondamentales, et qu'ils s'efforcent de tirer des fruits spirituels de la matière. Vivant dans un siècle réputé de lumière, la plupart d'entre eux se croiraient déshonorés s'ils conservaient le catéchisme parmi les ouvrages nécessaires au développement de leur talent. Ils veulent expliquer et reproduire les opérations de l'âme, et ils ne veulent pas étudier ces opérations auprès de Celui par qui l'âme a été créée. C'est un spectacle étrange, et qui serait risible s'il n'était pas si profondément triste, de voir des hommes savants, nés et élevés en pays catholique, se mettre gravement et sérieusement à la recherche de vérités que le bon Dieu fait enseigner tous les jours aux petits enfants. On dirait à les voir ainsi se torturer l'esprit, que les enseignements de l'Eglise n'existent pas, ou qu'ils sont extrêmement difficiles à obtenir.

Vous rencontrez sous la plume ou sur la langue de ces hommes les noms de tous les chercheurs de vérité, dits philosophes ; païens, hérétiques, impies, jamais le nom de Dieu ou de ses saints. Ce qu'il y a de plus extraordinaire encore, c'est que tout en traitant ces soi-disant philosophes avec tant d'admiration et de révérence, nos savants avouent naïvement qu'aucun d'eux n'a trouvé la solution de ce qu'il cherchait ; tous se sont égarés dans cet infini mystérieux où nul ne pénètre sans le flambeau de l'Église.

Tout autre qu'un philosophe en serait confondu, mais cette courageuse espèce ne s'arrête pas pour si peu de chose. Elle se reproduit toujours de génération en génération, exaltant sur tous les tons la perfection de ses méthodes (toujours ces mêmes méthodes par lesquelles on ne trouve rien), et il ne lui vient jamais à l'esprit de se dire : Puisque nous cherchons depuis des siècles sans pouvoir seulement arriver à savoir avec certitude si nous existons nous-mêmes, notre méthode n'est peut-être pas bonne ; essayons celle de l'Église. Supposé même qu'elle soit mauvaise, nous aurons toujours gagné d'être de bonne foi quand nous la dénigrerons plus tard. Une science qui détruit dans ses adeptes, à un tel degré, tout vestige de raison et de bon sens, devrait être définie : *Méthode sûre et infaillible pour devenir fou.*

III

Il a été fâcheux pour l'art musical qu'un artiste et un savant aussi éminent que M. Fétis père, se soit cru obligé de suivre la route des philosophes et des libres penseurs pour faire la philosophie de la musique. Ayant établi par un raisonnement aussi clair et aussi victorieux la spiritualité de la musique, il ne restait plus à M. Fétis qu'à appliquer à cet art les lois qui régissent les mouvements intérieurs. Ces lois, au lieu de les chercher dans le catéchisme, M. Fétis, comme nous venons de le dire, les a cherchées auprès des philosophes. Les ayant consultés tous, depuis Platon jusqu'à M. Cousin, M. Fétis est arrivé à l'*éclectisme*. L'éclectisme dans les arts, c'est que tout ce qui est *beau* est *bien*. Cette doctrine semblant exclure le mal, elle exclut en réalité le bien, le bien ne pouvant pas exister longtemps en dehors de toute règle morale. Une fois le bien disparu, le *beau*, dont il est un des éléments nécessaires, se dégrade et devient le *corrompu*.

On ne se rend pas assez compte qu'il y a deux sortes de beauté, une *essentielle* et *véritable*, une *accidentelle* et *apparente*.

La beauté accidentelle se manifeste le plus souvent dans des moments de doute et de transition. Elle est le produit de certaines âmes qui, tout en se laissant aller aux inspirations de sentiments purement humains, vivent encore assez dans les traditions divines pour en tirer une sorte de *reflet* qui forme la beauté de leurs œuvres. Si trompé par ce reflet, on veut essayer de créer du *beau* en développant la véritable *substance* de cette beauté accidentelle, on s'aperçoit bientôt qu'elle porte en elle un germe de corruption et de mort. Ainsi, les œuvres de Beethoven doivent toute leur beauté à cette expression de grandeur surhumaine reflétée dans le sentiment humain. Mais ce sentiment étant à l'état de révolte et de désespoir, dès que l'on a voulu l'ériger en principe, on n'a pas tardé à s'apercevoir de son impuissance à transmettre la beauté, et le faux martyre a enfanté la fausse sensibilité.

La véritable beauté sort d'un principe divin et surnaturel. Elle se *découvre* plutôt qu'elle ne *frappe*, et semble croître et embellir à mesure qu'on la pénètre plus profondément. Étant sortie de la vie, elle transmet la vie. La nature de sa substance en se développant grandit en perfection et enfante des œuvres de plus en plus *idéales*. Seulement elle ne se produit pas en dehors du domaine surnaturel, elle demande à être fécondée par la prière.

En musique, la véritable beauté n'a guère survécu à Mozart ; quelques-uns en ont trouvé comme des fragments, personne ne l'a fait progresser. On dit qu'il est impossible de faire quelque chose de plus parfait que n'a fait Mozart. Certes, c'est impossible en restant dans la même *nuance*, qui est l'*idéal* de l'amour humain ; mais développez ce qui forme la *substance* de cette nuance, l'abnégation et l'humilité, et vous arriverez par des beautés toujours grandissantes, au sacrifice, *idéal* de l'amour divin.

On connaîtra l'arbre à ses fruits, dit le Seigneur, la

beauté accidentelle donne des fruits de mort, la beauté essentielle des fruits de vie ; l'une est un mirage dont les rayons éblouissent sans donner la chaleur qui produit, l'autre est une substance féconde, vivante, divine, produisant la beauté dans toutes les âmes qu'elle pénètre, soit par des œuvres extérieures, soit par ces formes d'amour tout intérieures recueillies et connues de Dieu seul.

Il était donc impossible que M. Fétis trouvât la philosophie de la musique en suivant la route de l'éclectisme. La route du catéchisme eût été beaucoup plus courte. Voici ce que nous enseigne le catéchisme : Dieu créa l'homme à son image ; l'homme ayant désobéi à son créateur, l'image de Dieu fut altérée en lui. Dieu en son infinie miséricorde promit à l'homme déchu un Sauveur qui restaurerait en lui l'image de Dieu. Ce Sauveur étant venu dans la plénitude des temps, enseigna à l'homme ce qu'il fallait faire pour avoir part au rachat, institua son Église afin que toutes les générations fussent enseignées d'une manière infaillible, promit d'envoyer son Saint-Esprit, mourut pour nous sur la croix, ressuscita le troisième jour.

La musique devant reproduire les mouvements de l'âme, la première chose à faire pour en trouver la philosophie était donc d'étudier la nature et le caractère de ces mouvements auprès de l'Église, qui a reçu mission de nous les enseigner. L'Église nous dit d'abord que tous les mouvements de l'âme ne sont pas bons (par conséquent, point d'éclectisme), même qu'ils sont inclinés au mal ; ils ne deviennent bons que par un secours surnaturel ; leur perfection se reconnaît par leur ressemblance avec l'âme du Rédempteur.

Nous avons établi que les beaux-arts, produits de l'amour du cœur, doivent exprimer les affections du cœur, et qu'ils doivent les exprimer à l'état de perfection *idéale*, l'art qui produit le *réel* n'étant qu'un ouvrier qui *imite* et non pas un artiste qui *conçoit*. La musique donnant le mouvement intérieur lui-même, ne peut donc être expliquée et comprise que par l'étude du sacré Cœur de Jésus. Le Seigneur Jésus étant Dieu et homme, nous a aimés en Créateur, en Rédempteur, en Sanctificateur, dans la justice, dans la miséricorde, dans la grâce, avec calme, avec douceur, avec enthousiasme ! Étudiez ces caractères du mouvement intérieur dans leur perfection divine, retrouvez-en les germes et les développements dans le cœur humain, séparez le bien d'avec le mal en comparant les sentiments humains au divin modèle, et vous aurez une philosophie de la musique qui expliquera les moindres détails dans les effets par une parfaite connaissance de la nature des causes.

IV.

Nous avons déjà fait remarquer d'autre part combien est fort l'instinct sentimental de l'homme, ayant constitué le rhythme et la tonalité de la musique sur des principes parfaitement d'accord avec les caractères fondamentaux du mouvement intérieur. En effet, le rhythme nous donne les trois caractères *force*, *grâce*, *tempérance*, auxquels peut être ramenée toute forme de conception musicale. La tonalité, telle qu'elle existe, porte en elle le germe des expressions *joie*, *douleur*, *incertitude*, par les états de *repos* ou de *transition*.

Il suffit d'examiner le seul développement des tonalités musicales pour se convaincre de la nécessité d'une influence surnaturelle dans les arts. Nous les voyons d'abord incomplètes et comme dans l'enfance, se dégageant par degré des liens matériels pour arriver, aux âges de foi chrétienne, à former cette calme et majestueuse tonalité du plain-chant, expression sublime de l'adoration due à Dieu le Créateur. Plus tard, quand l'hérésie et avec elle l'inquiétude et le doute furent entrés dans les âmes, la résignation calme et noble de la tonalité du plain-chant ne pouvait plus convenir à un mouvement intérieur qui ne voulait plus se résigner.

Alors prit naissance la tonalité moderne, dont les dissonances toujours résolues et toujours renaissantes expriment si bien cette inquiétude d'une âme où ne vit plus la foi, et qui ne trouve plus de repos dans le repos même.

La conséquence directe de la tonalité moderne a été de bannir la grandeur du sentiment de calme et de repos. Pour qu'un sentiment s'élève au grand, au sublime, il faut qu'il puisse se développer librement et entièrement dans la nuance de son caractère, ou que, s'il y a lutte, les *proportions* de la victoire dépassent celles du combat. Or, c'est ce qui est impossible pour le *calme* avec la tonalité moderne, la *tendance* prenant forcément plus de place que le *repos*. Aussi, la musique moderne est-elle arrivée à représenter la grandeur comme l'apanage exclusif de l'emportement et du désespoir, et la résignation comme une marque de faiblesse et d'infériorité. Tout le génie de Mozart n'a pu ôter de l'abnégation ce cachet de *petite proportion*, ni empêcher tous les musiciens aspirant au sublime de se jeter tête perdue dans les débordements de l'orgueil.

C'est là peut-être une des plus subtiles erreurs du cœur humain que de croire la grandeur incompatible avec le calme et la patience. Un célèbre artiste a trouvé très-plaisant que nous disions que la musique de Beethoven fait pleurer des larmes de sang sur la perte éternelle du diable. Nous l'avons dit et nous le maintenons. La musique de Beethoven représente la révolte et le désespoir avec des proportions et une expression tellement grandes, tellement nobles, tellement sublimes, qu'elle les fait aimer et préférer à toute manifestation d'abnégation et de sacrifice. Or, le dernier terme de révolte, c'est le diable; comme le dernier terme de sacrifice, c'est le Christ. Il y a donc un danger réel, pour des âmes douées naturellement du sentiment de la grandeur, d'être initiées à la connaissance de cette sorte d'œuvres avant d'avoir pénétré et compris les grandeurs bien autrement sublimes du sacrifice.

Nous voudrions faire comprendre à toute bonne mère chrétienne qu'elle doit apporter autant de circonspection dans le choix de la musique à faire étudier par sa fille, que dans le choix de ses livres. La mauvaise lecture gâte le cœur par la voie de l'esprit et de l'imagination, elle laisse encore une possibilité à la défense ; la mauvaise musique, au contraire, s'empare directement du mouvement du cœur, y introduisant l'agitation, la mollesse, les vagues désirs, l'amour de la sensation, le tout sous forme d'émotions nobles et pures, de manière à nous livrer pieds et mains liés à l'influence du mal.

Mais, nous dira-t-on, puisque le caractère de la tonalité moderne rend très-difficile ou presque impossible la reproduction de sentiments calmes et élevés, il faut donc l'abolir, et, en attendant du nouveau, reprendre la tonalité du plain-chant ? Non, parce que ce ne serait pas possible. L'âme humaine a une tendance à aller en avant, et vous ne la feriez jamais consentir à retourner sur ses pas, et à reprendre exactement ce qu'elle a une fois quitté.

Il y a un proverbe qui dit qu'il ne faut pas jeter l'eau trouble avant d'avoir trouvé l'eau claire ; de même, il faut garder la tonalité moderne en attendant une eau pure et limpide pour désaltérer pleinement notre soif du *beau*. Mais, tout en la gardant, rien n'empêcherait les artistes de la corriger et d'en expulser tout élément d'agitation qui ne tient pas essentiellement à sa constitution même. Puisque nos artistes ne font plus que de l'imitation, qu'ils imitent pour le *caractère* du mouvement Haydn et Mozart de préférence à Beethoven, et que pour la *forme* ils aient un désir sincère d'être utiles aux élèves ; ils feront encore des œuvres estimables. Mais qu'avant tout ils mettent de côté toutes ces extravagances qui déshonorent autant eux-mêmes que l'art qu'ils professent. Qu'ils attendent au moins d'une manière digne le moment où il plaira au bon Dieu de donner le mouvement du sacrifice à un homme de génie.

Nous avons dit dans quelles conditions nous pensons que ce mouvement doit naître. Une nouvelle tonalité sera nécessairement engendrée par lui, sans recherches et sans efforts, comme son expression naturelle et spontanée.

V.

Dans le travail que nous avons déjà cité, M. Fétis ne s'occupe pas seulement du passé et du présent de la tonalité, mais aussi de son avenir. Considérant la tonalité moderne comme un *progrès* au lieu d'une *chute*, ou, si l'on aime mieux, comme une *transition*, il cherche le dernier mot de la musique dans un développement complet de l'élément qui constitue le caractère propre de cette tonalité. Ce caractère étant un désir jamais assouvi, une fois les satisfactions ordinaires et naturelles épuisées, ce que du reste elles sont déjà, il faudra nécessairement tromper et apaiser ce pauvre désir malade par toutes sortes d'expédients et d'artifices. Voici comment M. Fétis définit ce dernier développement de la tonalité : *Trouver des formules harmoniques telles, qu'une note, c'est-à-dire un son déterminé étant donné, il puisse être mis en relation immédiate avec toutes les gammes des deux modes.*

Sous l'empire de ces combinaisons, la musique deviendrait, c'est M. Fétis lui-même qui nous l'explique, un pur jeu de surprises pour l'esprit et pour les sens, les mouvements spontanés du cœur en étant forcément bannis. Il est vrai, le savant auteur a soin d'ajouter que l'usage de ce genre de tonalité ne serait obligatoire pour personne ; ceux qui voudront du *calme* resteront dans l'unité tonale, tandis que ceux qui aimeront les *agitations* et les *commotions* nerveuses et sensuelles en trouveront à tous les degrés, depuis l'accord dissonant naturel avec sa résolution obligatoire et attendue, jusqu'aux combinaisons multipliées des résolutions inattendues et facultatives de l'ordre tonal *omnitonique*.

Ceci nous paraît ressembler fort à la liberté de conscience, autrement dit la liberté du mal. Que chacun soit libre d'administrer sous forme d'enseignement la vie ou la mort, le poison ou une substance saine, n'importe, pourvu que l'on n'attente pas à cette sacrée et précieuse liberté du mal !

Mais nous n'avons pas besoin d'aller aussi loin pour prouver que M. Fétis s'est trompé en donnant cette combinaison comme un ordre tonal *nouveau*, et dont l'apparition aurait pour effet de clore définitivement le champ du progrès musical. Comment cet ordre tonal serait-il nouveau, puisqu'il n'opérerait aucun changement dans le *caractère* de la tonalité existante ? Il y ajouterait seulement une multitude d'accidents, tous sortis naturellement du développement extrême de l'élément dissonant. Ce qui constitue le *nouveau*, c'est le changement de *caractère*, c'est-à-dire de principe, non pas un détail de plus extorqué d'un même principe. Du reste, en admettant même que cet ordre tonal serait *nouveau* et qu'il se réalisât, l'art ne serait toujours pas au bout de ses tourmentes : le mouvement intérieur, dont les beaux-arts doivent être l'expression, peut se trouver dans deux états, *repos*, *tendance*. La tendance est l'état accidentel et transitoire, le repos l'état définitif et final. Alors comment l'ordre tonal *omnitonique*, dernier et extrême développement de la *tendance*, amènerait-il l'art au repos ?

Mais, dit M. Fétis, ceux qui voudront du repos retourneront au passé. Si cependant les amateurs du repos, ce qui est fort probable, refusent de se laisser éconduire au passé et qu'ils demandent un autre genre de repos, alors que fera la musique ? Et quand l'ordre *omnitonique* aura épuisé toutes les surprises et toutes les sensations, et que l'esprit humain, qui est insatiable et dont les désirs augmentent avec leur satisfaction, en demandera toujours et toujours, que fera-t-elle encore, la musique ? Ou elle tombera dans l'abrutissement et la barbarie, ou elle demandera au sentiment du *repos*, c'est-à-dire à l'amour du cœur, ses pures et calmes jouissances.

VI.

Quand le cœur, aimant pleinement, est pleinement satisfait, il reste en repos, il jouit, il ne désire plus. Si le désir se manifeste, c'est qu'il n'a pas aimé assez, ou que son amour n'a pas eu pleine et entière satisfaction. Alors commence l'état de *recherche* et de *tendance* qui amène ou à un repos supérieur ou à la mort. Cette tendance peut être *chute*, *péché*, *doute*, *désirs de perfection*

L'abandon de la tonalité du plain-chant a eu deux raisons intérieures, l'une bonne, l'autre mauvaise. Voici la bonne : la tonalité du *plain-chant* ne pouvant exprimer que des sentiments calmes, résignés, solennels, est éminemment propre à reproduire les mouvements collectifs d'adoration dus à Dieu, comme notre maître et notre Créateur ; mais elle manque d'exaltation et d'*accent* pour rendre cet amour intime et *personnel* que veut bien nous permettre dans son infinie miséricorde le Dieu Rédempteur.

Des désirs déréglés de jouissances artistiques moins pures et moins spirituelles furent la mauvaise raison. Jusqu'à présent, c'est elle qui a eu le dessus ; si elle continue à se développer, elle mènera infailliblement la musique à la mort.

Le désir d'une expression d'amour plus intime et plus parfaite ne pourra trouver son repos que dans le Cœur de Jésus. C'est-à-dire que la nouvelle tonalité, *expression* du nouveau rhythme, loin d'être le dernier terme d'une surexcitation causée par les satisfactions accordées à la curiosité de l'esprit, ou à quelque chose de plus bas encore, sera le dernier terme du repos acheté par le dernier sacrifice.

Il y a une loi à laquelle l'homme ne peut échapper : quand il est sorti du repos de l'innocence pour se livrer à l'agitation de ses désirs, il ne peut rentrer dans le repos que par l'expiation ; mais ce repos, fruit de la pénitence, a un autre caractère que le premier.

Celui à qui l'on a plus remis, aime plus, dit le Seigneur à propos de la Madeleine. — Le caractère du premier repos est le calme, celui du dernier, l'enthousiasme. Le cœur qui se brise en renonçant à tout, ou meurt ou s'élève au mouvement sublime.

Cette loi du *mouvement* intérieur est nécessairement aussi celle de son *expression*.

La tonalité du plain-chant nous représente l'état d'innocence d'une âme sans désirs; la tonalité moderne, agitée et inquiète, l'état d'un cœur tourmenté de désirs, cherchant du repos et n'en trouvant nulle part, ses mouvements toujours trop *courts* ne pouvant jamais arriver à une conclusion ou fin dernière.

La nouvelle tonalité devant être l'expression du mouvement de sacrifice, son caractère distinctif sera le ravissement produit par l'union du calme et de l'enthousiasme : il n'y a point d'amour sans exaltation; mais cette exaltation se reposant dans le cœur de Dieu y trouvera le calme, avec la pleine et éternelle satisfaction de ses désirs.

TABLE DES MATIÈRES

—

———

www.ingramcontent.com/pod-product-compliance
Ingram Content Group UK Ltd.
Pitfield, Milton Keynes, MK11 3LW, UK
UKHW012242240726
13966UKWH00003B/1237